现代图书馆理论与实践

付春蕾 邵 纬 刘文文 著

吉林摄影出版社
·长春·

图书在版编目（CIP）数据

现代图书馆理论与实践 / 付春蕾，邵纬，刘文文著. -- 长春：吉林摄影出版社，2023.12

ISBN 978-7-5498-6100-2

Ⅰ. ①现… Ⅱ. ①付… ②邵… ③刘… Ⅲ. ①图书馆工作－研究 Ⅳ. ①G25

中国国家版本馆CIP数据核字(2024)第000132号

现代图书馆理论与实践
XIANDAI TUSHUGUAN LILUN YU SHIJIAN

著　　者	付春蕾　邵纬　刘文文
出 版 人	车　强
责任编辑	王　茵
封面设计	文　亮
开　　本	787毫米×1092毫米　1/16
字　　数	250千字
印　　张	11.25
版　　次	2023年12月第1版
印　　次	2023年12月第1次印刷
出　　版	吉林摄影出版社
发　　行	吉林摄影出版社
地　　址	长春市净月高新技术开发区福祉大路5788号 邮编：130118
网　　址	www.jlsycbs.net
电　　话	总编办：0431-81629821 发行科：0431-81629829
印　　刷	河北创联印刷有限公司
书　　号	ISBN 978-7-5498-6100-2　　　　定　价：56.00元

版权所有　　侵权必究

前　言

图书馆作为文献信息中心，以服务社会、服务读者为根本宗旨。图书馆的基本职能就是直接或间接地满足读者需求。因此，图书馆各项工作的出发点和归宿点都应立足于服务。可以说，服务是图书馆存在的前提，是检验图书馆办馆效益的标准，也是评估图书馆工作的重要指标。一个图书馆的魅力，不在于它有多少藏书，而在于它的人性化服务理念是否先进，在于它的服务质量和服务方向。

随着以网络为中心的计算机技术、通信技术、数字信息化技术的迅速发展，计算机网络以其强大的信息检索能力使得信息的传递、获取进入了全新的网络时代。搜索引擎等网络工具的不断强化与网络资源的日益丰富，改变着人们获取信息资源的方式和习惯。用户获取信息的渠道和方式日益多元化，给图书馆服务带来了强大的冲击，使图书馆的传统优势地位面临着严峻的挑战。

创新管理是图书馆管理工作的必要途径，图书馆是知识的海洋，对读者素质的提升起着重要的作用。图书馆优质的服务和广阔的知识，是读者获取知识的主要场所，这样既可以提升自我修养也可以增长知识，为社会的发展做出贡献；创新管理有利于图书馆管理工作的有效开展。

笔者在撰写本书的过程中，得到了许多专家学者的帮助和指导，在此表示诚挚的谢意。由于笔者水平有限，加之时间仓促，书中所涉及的内容难免有疏漏之处，希望各位读者多提宝贵意见，以便笔者进一步修改，使之更加完善。

目 录

第一章 网络环境下的现代图书馆 ·········· 1
第一节 网络环境对图书馆的影响 ·········· 1
第二节 信息技术在图书馆中的应用 ·········· 4
第三节 现代图书馆的知识管理与知识服务 ·········· 12
第四节 现代图书馆的人本思想 ·········· 19

第二章 信息资源共建共享的相关理论 ·········· 24
第一节 信息资源建设理论 ·········· 24
第二节 信息资源的分布 ·········· 27
第三节 信息资源的配置 ·········· 30
第四节 信息资源共享机制 ·········· 34

第三章 现代图书馆服务概述 ·········· 38
第一节 图书馆服务的本质 ·········· 38
第二节 现代图书馆的服务对象 ·········· 44
第三节 现代图书馆对读者的信息需求服务 ·········· 49
第四节 深入调查研究拓宽服务渠道 ·········· 54

第四章 现代数字图书馆的发展 ·········· 60
第一节 数字图书馆的出现和演变 ·········· 60
第二节 我国数字图书馆的发展概况 ·········· 66
第三节 数字图书馆的发展趋势与方向 ·········· 72

第五章　现代图书馆的管理与创新实践 … 83

- 第一节　现代图书馆业务管理 … 83
- 第二节　现代图书馆服务创新 … 99
- 第三节　现代图书馆参考咨询服务 … 104
- 第四节　现代图书馆的学科馆员 … 111
- 第五节　现代图书馆的知识服务 … 120
- 第六节　现代图书馆的个性化服务 … 124

第六章　互联网背景下图书馆资讯数字化服务平台建设 … 130

- 第一节　信息服务建设内容与结构 … 130
- 第二节　数字化服务平台内容及规划 … 136
- 第三节　面向企业的个性化信息服务平台构建 … 139
- 第四节　数字化服务平台使用的关键技术 … 146

第七章　现代图书馆的未来展望 … 152

- 第一节　大数据时代现代图书馆信息服务面临的问题 … 152
- 第二节　大数据时代提升图书馆信息服务应对策略 … 154
- 第三节　图书馆信息安全管理体系的未来展望 … 160

参考文献 … 170

第一章 网络环境下的现代图书馆

第一节 网络环境对图书馆的影响

计算机技术和网络通信技术的紧密结合，为人类社会的进步营造了一个前所未有的信息空间，也给图书馆这一重要的社会信息服务系统带来了难得的发展机遇和挑战。在网络环境下，信息用户、信息资源、信息服务系统越来越紧密地联系起来。网络环境使图书馆受到方方面面的影响，使图书馆对自身的社会定位进行重新审视。网络环境对图书馆的影响主要表现在以下几个主要方面。

（1）推动图书馆办馆思想由封闭走向开放和创新

在传统图书馆中，"馆本位"和"书本位"的观念一直占主导地位，只追求单个图书馆藏书体系的完整和系统，以期自给自足地满足读者的各种需求。在网络环境下，一系列新思想新观念被引入图书馆界，开阔了图书馆人的视野和思维，人们逐渐形成了信息价值观，使利用信息成为信息社会人们的自觉行为；形成了大图书馆观，逐渐认识到图书馆的协作化与网络化迫在眉睫，各馆虽是相对独立的个体，但在信息交流活动中却应成为不可分割的联合体；具备了开发意识，认识到图书馆应该通过对信息资源的重组、整合和分层次加工，使之成为高质量、高水平、高智能含量的信息产品；具备了开放意识，认识到图书馆应该充分利用馆内外的一切资源（纸本、电子版、网络信息）提供服务，服务对象既包括到馆读者，也包括网上用户；具备了创新意识，认识到图书馆应该不断创造新的服务方法和服务形式，为用户提供新颖的信息服务。

（2）推动图书馆馆藏由自成体系向共建共享转变

传统图书馆的馆藏对象以纸质文献为主，各馆自成体系地发展一馆馆藏，盲目追求"大而全、小而全"，文献册（件）数是衡量图书馆水平的重要标准。网络环境改变了馆藏结构，图书馆的馆藏既包括纸质文献，又包括电子文献；既包括本馆"现实馆藏",又包括"虚拟馆藏"。网络环境也使图书馆拓宽了采集渠道,图书馆不仅通过购买、交换、受赠等途径获取文献,还通过网络进行网上采购,或获取信息资源的网络使用权。图书馆还可借助网络进行文献采购的分工与合作,避免重复和遗漏,形成一个相互协调、互补优化的信息资源保障体系。在网络环境下,图书馆的评价标准也得到修正,图书馆信息资源质量评价不仅要看现实馆藏,还要看通过网络存取全世界信息资源的能力。

(3)促使图书馆调整人员结构,提高馆员的能力素质

传统图书馆馆员的基本工作形式是与文献结合、与读者结合,并承担两者之间的媒介作用,手工式操作占较大比例,馆员具有一般的文化知识以及与其所在岗位相关的分类知识、编目知识、借阅知识等就可适应工作。网络环境改变了馆员的工作环境,馆员每天面对大量的电子文献和网络信息,馆员与读者的交流既有直面的也有网上的。馆员的岗位结构也进行了相应调整,图书馆根据需要新增自动化系统设计与维护人员、网络信息资源建设、检索与网络维护人员,数字化信息转换人员等,与网络信息相关的馆员比重也不断增大。网络环境也促进了馆员素质的提高,除了要求馆员具备图书馆学知识、情报学知识、外语知识外,还要求馆员具备计算机知识、网络知识、版权知识等。新一代馆员将成为信息的管理者、鉴别者、传播者、导航者、教育者。

(4)推动图书馆信息组织走向高效化、数字化、自动化和深层化

传统图书馆的信息组织活动基本是在手工操作或机械操作的情况下进行的,每个图书馆几乎都要重复分类、编目工作,而且对信息内容的揭示也极为浅显。首先,网络环境促进了信息组织的高效化,先进设备的应用和多馆联合作业的模式,达到了一次输入多种输出、一馆输入多馆享用的效果。其次,促进了信息组织的数字化,可将各种形式的信息(如纸质的、缩微的、声像的)数字化后提供上网,也可组织较大型的数据库管理等。再次,促进了信息组织的自动化,使得图书馆信息组织的技术标准和性能指标向国际靠拢,自动分类和抽词、自然语言检索等大大解放了人力。最后,促进了信息组织的深层化,采用数据仓库、超文本、多媒体等技术,可以方便地按全文、专题、组篇信息。

(5)推动信息服务方式向远程化、多样化、传统图书馆的服务基本上是坐等读者上门,多有一定限制,为读者提供的文献以本馆馆藏为主,多是整本书刊,且因复本不足常有拒借现象,服务项目以借阅为主。网络环境促进了服务范围的拓宽,服务由馆内向远程发展,读者在网上可以获得多个图书馆的服务,不存在

因多人使用而相互冲突的问题。网络环境促进了服务形式的多样化,在网上可开展联机目录查询、馆际互借、光盘远程检索、远程登录、专题讨论或电子论坛、布告栏服务、信息检索、电子邮件、网上咨询、预约登记、用户点播、远程电视会议、图文信息等服务项目。网络环境还促进了服务模式的变化,在网络环境下信息创造、检索和使用的界限将逐渐模糊,提供珍贵文献和智能服务将成为重点,个性化服务、特色化服务、网络信息导航服务和用户培训会受到重视。

(6) 拓宽了信息用户的范围,提高了信息用户的能力

传统图书馆的读者群相对比较固定,他们利用图书馆一般只有到图书馆才能实现,他们对图书馆资源的利用大多限于馆藏文献和馆舍空间,他们在利用馆藏文献时对馆员的依赖性较强。网络环境扩大了信息用户范围,网络环境下的信息用户既包括到馆借阅文献的读者,也包括上网查询或获取图书馆信息资源的网络用户。网络环境还激发了信息用户的需求,许多在图书馆不能直接借阅的珍本、善本运行在网上,用户在自己家中或办公室里以及任何配备有联网终端的场所均可利用图书馆,提高了信息用户利用图书馆的概率。在网络环境下,信息用户利用图书馆的过程中充分发挥主观能动作用,其自身的专业素养、信息意识、检索能力等得到提高。

(7) 推动图书馆馆舍走向智能、多样、舒适

由于受以藏为主观念的影响,传统图书馆在建筑构成上用以收藏和保存文献的库房占较大面积,功能也较单一,在设备配置上则以常规设备为主。网络环境首先要求馆舍具有智能性,即配置有舒适的建筑环境系统与楼宇自动化系统、办公自动化系统与管理信息系统、先进的通信网络系统,并通过结构化综合布线系统使各种功能构成统一的整体。其次是要求馆舍布局合理,可根据信息技术应用的要求设置专门场所,以营造良好的学习环境和交流文化信息的氛围。最后,网络环境要求设备先进,要不断引进先进技术和设备,充分利用新型电子文献,提高服务质量和效率。

(8) 推动图书馆内部管理的创新

传统图书馆的内部管理基本停留在经验管理、封闭管理的层面上,业务组织结构是一种线性模式,按照文献在馆内的流动过程设置了采访、分编、流通、参考咨询等部门。网络环境提高了管理效率,减少了管理层次和管理人员,使组织结构扁平化,管理变得灵活敏捷;加强了管理深度,在网络环境下各种数据统计更加精确便捷,管理者可随时掌握第一手资料,并可及时利用电子邮件或BBS

交流管理信息和经验；增加了管理内容，如硬件的不间断运行、数据库的维护更新、网络和应用系统的安全等；改变了组织机构，根据信息技术应用情况和图书馆工作环节的变化，组织机构被撤并或新增。

（9）提高了图书馆界的整体水平

传统图书馆时期的图书馆事业基本处于各自为政、各行其是的状态，图书馆与其他信息机构及整个社会信息源未建立起紧密的联系，图书馆之间的协作也缺乏实质性内容。在网络环境下，图书馆之间在信息资源共享的基础上，通过网络建立平等合作的关系，促进了图书馆事业整体水平的提高。网络环境也促进了图书馆与信息机构、网络开发商等所有与信息有关的社会机构的合作，这些合作包括地区的、国家的和国际的。网络环境还促进了图书馆之间对共同关心的问题的研究，如研究制订通用的标准化接口技术及通信协议、书目著录格式、数据库格式等。图书馆事业相关的法律法规，如版权保护、信息安全及信息犯罪防治法、不良信息传播限制以及图书馆法等，在网络环境下也得到了相应的完善。

第二节　信息技术在图书馆中的应用

人类历史上的两次技术革命开创了图书馆工作与技术相结合的历史，使图书馆的局部工作实现了半机械化半自动化，减轻了图书馆员的劳动强度，提高了图书馆工作效率，加快了图书文献的流通。进入20世纪40年代以来，以原子能工业、信息技术、空间技术和生物工程等为代表的第三次技术革命的兴起，使人类从工业化社会向信息化社会发展，使信息如同自然资源一样成为人类不可缺少的宝贵资源。20世纪90年代以后，随着计算机技术的迅猛发展、国际信息高速公路的开通和网络信息资源的开发利用，图书馆开始了新的伟大变革。新技术革命为图书馆实现现代化带来了新的技术手段。图书馆正朝着数字化、自动化和网络化的方向发展。

一、现代信息技术的内容

现代信息技术在图书馆的应用，通常是指利用排版印刷技术、复印技术、缩微技术、计算机技术、高密度存储技术、通信技术、多媒体技术、数字技术等现代化技术手段对图书馆的文献信息进行存储、加工、处理、传输、输出等自动化处理。其中，计算机技术既是新技术革命的标志，又是变革图书馆工作的核心技术。

目前在图书馆采用的现代信息技术主要有以下几个方面：

（1）复印技术

复印技术即通常人们所指的静电复印技术。它作为传递信息的重要手段之一，已在图书馆信息技术中扮演了一个重要角色。静电复印是利用某些材料的光电导静电特性对被复印稿件进行照相，并准确、迅速输出复印品的一种图文复制技术。它在图书馆文献复印中的应用，改变了过去人们对所需文献内容的抄抄写写的烦琐工作方式，使得文献交换和传递速度大大加快。因此，复印技术是图书馆信息技术中不可缺少的部分。

（2）缩微技术

所谓缩微技术，就是用光学的方法，主要是通过照相技术，将原始文献缩微在一定规格的微小载体上，制成各种规格的缩微照片，并通过一定的显微阅读机器进行阅读的技术设备和使用方法的总称。用缩微复制方法制成的文献复制品叫"缩微品"。缩微技术为图书馆大量珍贵的历史文献提供了保存和利用的技术手段，提高了文献的保存和利用水平。缩微品并没有因为光盘的出现而失去其价值。实践证明，缩微品在保存的长久性和可靠性方面极大地优越于光盘。

（3）声像技术

声像技术是用声音和图像信号来记录和传播信息，给人以直观和真实的感觉。声像制品主要包括唱片、幻灯片、录音带、电影胶片、录像带、节目光盘等。它打破了以往只靠书本、文字传播知识信息的传统，使人们能够得到更直观、更真实的知识信息。

（4）高密度存储技术

随着电子技术的高速发展，计算机高密度存储技术也发展得很快。在早期的计算机上，人们用磁芯作为内存储器的主要元件，一般用磁鼓、磁泡等设备做外存。但这些早期的存储设备，其存储密度低，读写速度也较慢。后来又出现了半导体存储器。当大规模集成电路计算机出现以后，硬磁盘、软磁盘、光盘等广泛地投入应用，使计算机的存储技术出现了一次新的飞跃。20世纪80年代以来，随着计算机高密度存储技术的飞速发展，特别是大容量磁盘存储技术、光盘存储技术和磁盘阵列技术的应用，使计算机高密度存储技术在图书馆的应用方面迅速地出现了一个新的局面。

高密度存储技术在图书馆中的应用，可以大大节省藏书空间，提高获取文献全文的速度。在信息量剧增的今天，高密度存储技术无疑是十分必要的，它扩大了图书馆对知识载体的使用范围和收集领域。

（5）条形码技术

条形码技术是一种自动识别技术。条形码技术不但快速准确，而且可以提供可靠性很高的数据。现在条形码技术已被广泛应用于工业自动化、物资流通、图书及邮政管理、办公自动化等各个方面。目前国内使用计算机管理的图书馆，几乎都采用了条形码技术。

（6）触摸屏技术

触摸屏技术是指为实现最方便、简单、自然、直观的输入手段所设计的信息查询输入技术，它能够在人机交互控制下简单方便地进行查询以获取各种信息。无论是控制还是查询输入，完全不懂计算机的人也可以进行操作。通过触摸屏，读者可以查询到感兴趣的一切信息。随着自动化技术的引进，图书馆各项业务工作正逐步使用计算机进行管理。触摸屏作为最简单方便的信息输入设备，在图书馆自动化系统中已崭露头角，预示着它将在图书馆文献信息管理中得到广泛的应用。

（7）计算机技术

这是现代技术体系中的核心部分。由于电子计算机具有处理速度快、存储容量大和较强的逻辑运算功能以及多样化的输出设备，适合于实现对大量烦琐、重复但规律性极强的图书情报工作的自动化控制。因此，它也是图书馆信息技术应用的主体。计算机技术在图书馆自动化管理系统中的广泛应用，大大促进了文献信息的收集、加工、处理、传播和利用，使图书情报现代化进入了一个新的发展时期。

（8）数字技术

数字技术是随着当代科学技术的发展而迅速发展起来的一门新的技术，即将各种采集到的信息，包括文字、图片、声音、像、动画等原始信息，以数字的方式进行存储、加工、处理、传输，再经转换后输出。这种数字技术，目前已广泛地应用于社会的各个领域，如数字扫描器、数字照相机、数字式电视机、数字通信等。利用数字技术建立的数字图书馆，在国外和我国已经有很大的发展。人们预计在不久的将来，数字图书馆会在全世界普及。

（9）多媒体技术

多媒体技术是指应用计算机技术对各种形式的信息，如文字、数字、声音、图形、图像等进行综合处理的技术，也就是综合应用各种信息表达方式的技术。所谓综合处理大致包括对各种形式信息的编辑、组合（无缝结合）、分解、转换等。用多媒体技术生成的文献就称为多媒体文献。

多媒体技术综合处理多种媒体信息，全文文本、动态图像以及语音信息都要求有很大的存储空间，视频图像与音频信息都具有连续性，这些都对多媒体技术提出了较高要求。其中最关键的技术包括：①数字压缩与还原技术；②海量存储器；③多媒体操作系统；④数据库理论与方法；⑤支持多媒体的硬件与网络技术等。

多媒体技术以信息表达直观、生动、逼真等优点而为广大读者所接受，它的出现和投入使用，将对图书馆传统的信息保存与提供方式、服务方式、工作方式等带来巨大的冲击。

（10）计算机网络技术

计算机网络技术是计算机技术与通信技术相结合并相互渗透的产物，是用户特殊需求的结果。所谓计算机网络是指以能相互共享资源的方式连接，并且各自具备独立功能的计算机系统的集合。

通信技术与计算机技术相结合以及通信网络的迅速发展，使得计算机的功能和作用发挥得淋漓尽致。今天，世界各地的计算机都可以借助通信网络相互传递信息，E-mail 通信正在代替传统的书信、电报和电话；网上书目查询、全文检索，以及多媒体信息的传递越来越普遍。利用现代通信技术和网络技术，不但突破了传统的利用图书馆的时间和空间限制，而且达到广泛的信息交流和资源共享的目的，使得信息资源共享成为现实。

二、现代信息技术在图书馆的应用

现代信息技术在图书馆的应用与发展，大致经历了三个阶段：

（1）图书馆自动化发展的初级阶段

大约从 20 世纪 60 年代末、70 年代初开始，以美国国会书馆正式发行 LCMARC 机读目录为标志。LCMARC 机读目录在北美得到了广泛的应用，开创了书刊机读目录在世界上正式使用的新时期，使图书馆正式步入了自动化的阶段。1972 年，国际图联（IFLA）推出了国际机读目录格式 UNIMARC。随之，各国也相应推出了本国的机读目录格式，如英国的 UKMARC、日本的 JMARC、中国的 CNMARC 等。

这一阶段，图书馆计算机管理集成系统开始投入使用，其基本模块是图书采购、图书编目、图书流通、期刊管理、书目查询等。它初步实现了让读者利用计算机查找所需资料和实现图书业务自动化管理的过程，在一定程度上解放了图书馆工作的一部分劳动力，使图书馆管理更加科学化，从而提高了对读者的服务质量。

在这一阶段，国外已出现了一些图书馆计算机协作网络，如联机编目网络等，另外还出现了一批文摘社和信息中心，这些系统对文献进行较深一步的加工，让读者可以用联机方式得到许多会议录和杂志中的文章题名和摘要等，为第二阶段的电子文献信息服务奠定了基础。

（2）网上电子文献信息服务阶段

20世纪80年代中期，随着计算机网络技术的发展和广泛应用，发达国家的图书馆都开始使用局域网络向读者提供网上信息服务。20世纪80年代末，CD-ROM光盘数据库开始投入应用。20世纪90年代初，互联网开始投入商业运行，这些都为图书馆信息技术的应用提供了新的条件。于是，图书馆很快步入一个全球性、整体性网上电子文献信息服务的新阶段。这一阶段的主要标志是：

首先，局域网络广泛应用于图书馆。图书馆不但建立起馆内局域网，还连接到校园网、区域网、全国性网络，开始利用LAN进行网上联机编目、网上图书采购，为读者提供联机目录查询、网上馆际互借、传送电子出版物的索引及摘要以至全文。

其次，CD-ROM光盘数据库广泛应用于图书馆。1984年，荷兰菲利浦公司和日本索尼公司，在COMDEX年会上首次展出他们的CD-ROM驱动器和光盘数据库，随后美国图书馆公司推出第一个商用产品——BIBLIOFILE，存有美国国会图书馆的书刊机读目录数据。20年来，CD-ROM光盘及数据库产品已广泛地在图书馆投入使用，有各种参考工具书、辞典、百科全书、指南、索引、摘要、全文数据库和多媒体数据库，包括自然科学、社会科学、工程技术和经济管理等各个方面。当CD-ROM光盘由单机使用发展到光盘网络，它的作用就更为明显，读者可以在图书馆、办公室、实验室甚至在家查找图书馆的光盘数据。

再次，图书馆自动化集成系统向网上电子文献信息服务的方向发展。20世纪70年代的图书馆自动化系统，大都是单功能系统。20世纪80年代中期，逐渐向集成系统过渡：在数据结构方面，由文件系统转向数据库管理系统；在系统结构方面，集中式的数据库转向分布式的网络结构，形成了客户机/服务器的访问方式；在功能方面，除了一般馆内业务处理模块外，还有与外界数据接口的功能，让读者很方便地利用系统得到最新杂志目次内容的服务，甚至可得到所需文章的全文传递服务，连全世界最大的计算机联机图书馆中心（OCLC）也推出了FirstSearch的网上电子文献服务。由此可见，网上电子文献信息服务在20世纪90年代已成为图书馆和信息中心不可抗拒的潮流。

最后，互联网的迅猛发展，把图书馆电子文献信息服务推向全球化。互联网不仅是现阶段国际信息高速公路的雏形，而且是目前世界上最大的信息宝库，包含有图书馆、信息中心的大量文献信息资源，人们可以像过去利用传统图书馆一样，通过联机访问各种电子信息资源。互联网的发展，已把图书馆电子文献信息服务推向全球化。

（3）图书馆现代信息技术发展的高级阶段——数字图书馆阶段

近年来，随着互联网的广泛应用，传统图书馆开始向网络化、电子化和虚拟图书馆转化，一大批电子出版物和全文数据库被存储在图书馆和各类信息中心，致使图书馆的形态发生了重大改变，于是人们提出了"数字图书馆"的新概念。这将是图书馆现代信息技术发展的高级阶段。

当然，这三个阶段并不是界限分明的，它们相互交错、相互渗透，前一阶段为后一阶段做准备。随着需求和技术的发展，从低级阶段向高级阶段发展。如第一阶段出现的机读目录，它实质上是图书馆馆藏目录的数字化，也是第二阶段电子文献信息服务的重要组成部分。在第二阶段中，已对数字化图书馆的技术做了大量研究，出现了一些数字图书馆雏形，如在互联网上的许多万维网服务器，已可以提供文本、图形、声音、动态图像和多媒体资料查询等。而且，对各种文献载体的数字化、大容置数据的存储和管理技术、各种文献的访问及传输技术等均为数字化图书馆技术走向实用化做了准备。

三、现代信息技术对图书馆的影响

现代信息技术的发展，对图书馆的诸多方面都起到了极大的推动作用。

第一，促进图书馆部门结构的调整。伴随着现代信息技术的发展和运用，传统图书馆部门结构发生了重大变化，有的部门功能得到了加强，有的部门消失了或功能减弱，同时也产生了一些新的部门。另外，也使传统的图书馆部门组织结构由采访、编目、流通等部门为主体的模式转变为以信息技术部门、参考咨询部门为主体，并随信息技术的发展步伐而不断调整和变更。

由于信息技术的影响，很多图书馆对部门设置进行了调整，或者为了更好地适应信息技术的发展变化而将部门称谓进行变更，如把采访和编目部门变更为信息资源管理部门，使其既与传统图书馆的采编部门有相似之处，但内涵更为丰富。传统的流通阅览等读者服务部门也进行了完善和补充，为了更好地管理随信息技术的发展而产生的大量信息资源，除保留传统的流通部、阅览部外，新增加了情报咨询服务部、信息服务部和电子文献信息部等称谓的用户服务部门；信息技术的发展对图书馆部门结构的推动作用莫过于成立新的技术支持部门，因为网络环境的正常运行需要信息技术的支持，图书馆服务范围的扩大和深度的增加，也需要以信息技术推广应用为基础。因此，设立并加强图书馆的技术支持部门是当务之急，是保障现代图书馆顺利开展工作的基础。

第二，推动图书馆基础业务由手工方式向计算机化和网络化发展。传统的图书馆中，存在采访、分类、编目等专业性较强的基础业务。这些基础业务通常投入比较多的专业人员，完全依靠手工操作，效率较低。图书馆计算机管理系统的研制成功，这些手工劳动就变成了历史。现代图书馆计算机管理系统已集成了上面的各项功能，使图书馆的管理趋于自动化。而计算机网络又使各工作部门的联系和交流更加方便快捷，大大提高了图书馆业务工作的效率。

第三，推动图书馆向数字图书馆方向发展。未来图书馆发展的目标，是通过光纤传导系统将全国乃至世界所有的图书馆连接起来，将一切可用的资源转化为数字信息储存起来，创建庞大的数字图书馆。这些数字化资料能通过信息高速公路传送到用户终端和高清晰度的电视上，供全世界的用户享用。图书馆工作的最终目标是凭借本身的信息资源和专业化人才优势，通过联合、分工等形式逐步将现有的各系统、各专业信息网络纳入图书馆这一庞大系统中，形成覆盖世界各个角落的、跨国的、集团化的、垄断的巨大数字图书馆网络。通过信息高速公路把世界各大学、科研机构、企业和商业机构及千千万万普通家庭的电视、电话、传真机、打印机等连成一体，世界各地的人们在检索信息、交换意见时可见其人、可闻其声，可以了解各种社会和经济活动，真正形成互连网络系统。

第四，促使图书馆服务模式由被动和单一的服务向主动和多元化转变。现代信息技术给图书馆这一古老的行业带来了崭新的变化，图书馆的服务功能得到了空前的拓展。"保存文献资料"这一传统功能相对于"为他人提供文献服务"这一现代功能而退居到次要的地位。图书馆存在的目的和意义已为"一切都是为了利用"所替代。在图书馆新的工作环境中，图书馆与读者之间的关系也发生了质的变化。以前是以图书馆为轴心，读者利用馆藏文献，接受馆员各种服务，今后则以读者为轴心，其周围是可供利用的各种信息源，图书馆只是其中一种可供选择的信息源而已。所以，现代图书馆只有改变以前被动和单一服务的方式，才能适应社会发展的需求；改变服务方式，是图书馆生存下去的必要条件。

在信息技术的冲击下，现代图书馆的服务模式正在向主动服务和多元化服务方向迈进。提供信息服务的馆员主动与潜在用户接触，包括了解用户的需要、向用户宣传图书馆的各项措施、举办各种相关的培训和讲座、征询用户意见等。同时在图书馆指南、新书通报、期刊目次服务、参考咨询、文献利用教育等传统服务文献可以利用网络进行宣传，化被动为主动。

以参考咨询服务为例，现代信息技术条件下的参考咨询服务不再受时间和空间的限制，用户可以在家中或办公室中通过网络进行咨询，馆员通过网络进行交互式问答，可以不必再进行面对面的问答。由于网络的互联性，参考咨询的服务方式从一对一的单一方式转变为一对一、一对多、多对多的多种方式并存。

在网络条件下，馆际互借得到了更好的发展。信息技术的革命也使图书馆走上了市场化的道路，形成了一种崭新的有偿服务方式，如一些公共图书馆和数字图书馆服务商提供在线读者卡的方式，让读者在线阅读图书，然后适当扣取服务费。

第五，推动人员素质向一专多能型人才转变。信息技术日新月异的变化，提高了图书馆的工作效率，也对图书馆工作人员整体结构、个人知识结构提出了更高的要求。一方面，图书馆传统业务流程所需的各项业务技能，如书刊分类、编目、工具书的使用、文献检索等知识需继续加强，在原有知识的基础上要注入计算机相关的知识。另一方面，与计算机技术、通信技术相关的知识，图书馆工作人员也必须有相当程度的了解。特别是在新的信息技术环境下，直接在文献信息服务岗位上的馆员，对网络中的信息资源，如各个大型的文献数据库在网络中的地址、特点、获取方法等，应有较为全面的了解，能帮助用户正确地选择信息源、使用适当的检索工具、制定正确的检索策略、对查找到的文献价值做出正确的评价等。对计算机应用技术的熟练掌握，已成为图书馆工作人员必不可少的工作技能。在某种意义上说，信息技术的掌握与图书馆专业知识的掌握同等重要，有些工作如情报检索部门、参考咨询部门的工作对信息技术的依赖甚至超过了对专业知识的需要。

现代图书馆工作人员要在日新月异的信息社会里胜任工作，必须学会图书馆现代化的操作方法或管理手段，必须学习新知识，掌握现代信息技术、专业基础知识及其他学科知识。只有把各种专业知识搭配合理，科学地、能动地充分发挥其特长，才能适应图书馆现代化事业的发展需要，否则最终将被淘汰。一个好的现代图书馆馆员，在业务知识结构上，应具备三种基本知识和三项基本技能。三种基本知识是指图书馆学及信息学知识、外语知识、计算机应用知识；三项基本技能是指专业动手技能、计算机操作技能和自学科研技能。做到"精一门、专二门、会三门、懂多门"。同时应具有高尚的信息道德、敏锐的信息意识、高度的信息觉悟、正确的信息价值观和健康的信息心理。还应具备"眼观六路，耳听八方"，善于捕闻信息、分析信息、利用信息等良好的信息素质。

信息技术的发展，推动了图书馆前进的步伐，使图书馆以前所未有的速度向前发展。但我们必须清醒地意识到，任何一个新生事物都不是十全十美的，它为人类带来了便利，同时也会产生许多负面效应，对此我们要有清醒的认识。

第三节　现代图书馆的知识管理与知识服务

知识经济是以科学技术为核心的，建立在知识信息的生产、存储、使用基础之上的经济。自从1996年联合国国际经济合作发展组块发表了题为《以知识为基础的经济》的年度报告以后，"知识经济"一词便风靡全球，为21世纪人类社会经济的发展方向做出了定位。在这种新型经济时代，经济的知识含量日益提高，知识取代劳动力成为经济发展的重要因素和直接驱动力，推动着全球经济全面深刻地变革，使人类社会经济的发展模式从主要依赖自然资源的消耗转向依赖知识创新上，大大地提高了产品的科技含量。知识的学习和创新也随之成为人类最重要的活动内容。这对以传播知识、传递信息为主要职能的现代图书馆产生了重大的影响，赋予了其新的历史使命。

一、知识经济与现代图书馆

知识经济时代以高新技术的快速发展和广泛应用为特征，现代计算机技术、信息技术、通信技术与信息高速公路共同构成了第三次信息革命浪潮，也为21世纪图书馆的发展创造了条件，提供了机遇，使图书馆成为网络环境下的信息服务中心。但这并不意味着摒弃一切传统的东西，蕴含着人类千百年来的深邃思想和丰富实践经验的纸质文献以其安全稳定、较长时期地保存人类文化遗产的独特优势，以及符合人们阅读习惯的简单方便的阅读方式，使其在相当长的历史时期内仍将占有一席之地。为适应网络环境的逐步形成，数字图书馆将成为新一代图书馆发展的方向。现代信息技术赋予数字图书馆高密度的信息存储技术、高效率的信息查询技术、高速度的信息传递技术，使图书馆能更有效地以知识信息服务于社会，通过互连的计算机网络，把分布在世界各地的知识信息库连接起来，实现真正意义上的信息资源共享。

在知识经济时代，信息市场发挥了重要作用。信息市场不仅具有"价值实现功能"，而且具有"信息化—增值化"特征，加快了信息产品进入市场、实现价值的步伐，更好地把握了信息价值的表现形式、相关因素、计量标准和计算方法，促进了信息产品的商品化、增值化发展。在"信息化—增值化"的知识经济热潮中，图书馆应该积极拓展面向社会的文化教育功能、信息集散的枢纽功能、信息加工的增值功能和信息营销的市场功能，努力实现图书情报工作的多功能化，信息载体的多元化，网络资源的有序化，信息网络的电子化与增值化，信息服务的市场化。同时，图书馆必须更好地搞好信息服务工作，了解和分析信息时代的社会文化环境，研究信息载体的演化和突破，探讨信息市场对策，区分改进型知识、探索型知识和创新型知识等不同知识类型，研究一般信息、专题信息的不同集散方式和方法。

另外，作为知识传播系统之一的图书馆，在培养具备最新的知识、灵敏的创新意识、富有创造能力和较高技能的高素质人才方面也负有义不容辞的责任。科学技术的日新月异，使知识更新的周期越来越短。科学技术与经济、金融、管理学日益紧密结合。"知识可以转化为资本、高智力可以高回报"的观念越来越深入人心。公众智力投资意识提高，终身学习将成为有识之士的自觉行动。这在客观上要求图书馆在满足科学知识普及和更新方面卓有成效地发挥作用，希望图书馆真正成为多功能的科学信息中心。

二、现代图书馆的知识管理

知识管理是知识经济时代一种新型组织结构的基石，是一种全新的管理理念与管理方法，知识管理要求把知识与信息、知识与人、知识与过程有效地结合起来，融为一体，进行创新，以实现知识（包括显性知识和隐性知识）的转换与共享。作为人类知识宝库的图书馆，其职能就是挖掘、整理、传递和利用所占有的知识资源，为社会提供服务。在人类社会已迈入知识社会的今天，知识量剧增，对知识进行管理必然应运而生。

1. 知识管理的概念

知识管理是知识经济时代的一种全新的管理理念，是人类管理史上一次伟大而深刻的革命，是信息化和知识化浪潮的产物。"知识管理"一词是由美国麻省莱克星顿著名的恩图维星国际咨询公司最早提出的，但至今仍未有一个明确而取得共识的定义，有的是从管理对象定义，有的是从功能定义，有的是从行为方式定义，也有的是从目标定义。

美国经济学博士 Yogesh Malhotra 认为"知识管理是当企业面对日益增长着的非连续性环境变化时，针对组织的适应性、组织的生存及竞争能力等重要方面的一种迎合性措施。本质上，它包含了组织的发展过程，并寻求将信息技术所提供的对数据和信息的处理能力以及人的发明和创造能力这两者进行有机结合"。

美国《福布斯》杂志于 1998 年 4 月 22 日发表的题为《迎接知识经济实施知识管理》一文中指出，"知识管理不同于信息管理，它是通过知识共享，运用集体的智慧提高应变和创新能力"。文章强调要把知识管理与信息管理区分开来。

我国学者郑丽莉认为，"知识管理是把有关企业的人才资源的不同方面和信息技术、市场分析及企业的经营战略等协调统一起来，继而为企业的发展服务，从而产生整体大于局部之和的经营效果"。

欧勒锐认为"知识管理是将组织可以得到的各种来源的信息转化为知识，并将知识与人联系起来的过程，是对知识进行正式的管理，以便知识的产生、获取和重新利用"。

David J.Skyrme 博士认为："知识管理是对知识及其创造、收集、组织、传播、利用与宣传等相关过程的系统管理。它要求将个人知识转变为某个组织可以广泛共享与适当利用的团体知识。"

知识管理的概念可以有狭义和广义之分，狭义的知识管理主要是针对知识本身的管理，包括对知识的创造、获取、加工、存储、传播和应用的管理；广义的知识管理则不仅包括对知识本身的管理，还包括对与知识有关的各种资源和无形资产的管理，涉及知识组织、知识设施、知识资产、知识活动、知识人员等的全方位、全过程的管理。

知识管理的对象主要包含四个方面的要素：知识、知识设施、知识人员和知识活动。其中，知识又包括了显性知识和隐性知识。严格地说，知识管理活动不只限于企业，而是在所有的社会组织中都存在。图书馆的知识管理与企业的知识管理不完全相同，它属于公共知识的管理，是社会知识管理不可缺少的重要组成部分，其知识管理的重点是显性知识（公共知识）的有效研究、开发与应用，馆员（包括用户）隐性知识的交流、共享与创新，以及加快隐性知识的显性化。总体而言，知识管理的过程就是为实现隐性知识和显性知识的共享和转化提供新的途径。

2. 从信息管理到知识管理

知识管理是一个跨学科、综合性研究领域，它与信息管理之间并非简单的包含或延伸关系，知识管理是商业竞争环境日益激烈、知识经济增长步伐日益加速的产物。从这个意义上讲，从信息管理到知识管理是一种社会的进步和管理思想的升华。

（1）知识管理是信息管理的新发展

信息交流的历史就是信息管理的历史，追溯人类信息管理的历史，美国学者马夏德于20世纪80年代中期提出将信息管理分为四个发展阶段。第一阶段是传统管理时期（1900—1950年左右），这一时期以图书馆为象征，以记录型、印刷型文献为管理对象，因而也称为文献管理时期。第二阶段是自动化技术管理时期（1950—1980年），这一时期以电子信息系统为象征，各种信息技术及信息专家的作用日益突出，管理信息系统（MIS）与办公自动化系统（OA）的社会应用日趋广泛。第三阶段是信息资源管理时期（1980—1995年），主要特征是涉及信息活动的各种要素（信息、信息生产者、信息技术、信息用户等）均被作为信息资源的要素而被纳入管理的范畴，是一种综合性全方位的集成管理。第四阶段是知识管理时期（1995年以后），这是信息管理的最新发展阶段。由此可见，知识管理是信息管理发展的新阶段，它表明了知识管理与信息管理之间有联系的一面，但研究结果表明，知识管理与信息管理是不相同的。

（2）知识管理是信息管理的升华

信息管理侧重于表达知识的记录型信息的管理，即重视显性知识的管理，而忽视了隐性知识的管理。而隐性知识对决策和创新更有效，更有价值，显性知识易于整理和计算机管理，而隐性知识则难于掌握和管理，它集中存储在员工的脑海里，是员工所取得的经验的体现。知识管理就是有效地管理、实现这两类知识的转换并在转换中创新。信息管理仅仅关注人类智力创造活动最终成果的管理忽视了该成果的生产过程即创新，而知识管理的根本目标是创新。信息管理的核心是对信息的收集整理、检索分类、存储传播和使用，以提供一次、二次、三次文献为主,以有效满足用户的信息需求为目的,管理和提供的对象是编码化的显性知识。

知识管理不仅强调创新,还强调知识的流动,认为知识只有在交流中才能得到发展,如果知识不能同现有知识联系起来,并不能为人所利用,知识就没有价值,只有在相互联系和使用中知识才能派生出新的知识。信息管理强调管理的技术和手段,其出发点就是将信息视为对管理和决策有重要作用的数据,而知识管理则是一种全新的管理模式,它注重问题的解决方案,其出发点是将知识视为一个组织最重要的战略资源。

知识管理不仅仅是出色的信息管理,而且是信息管理的升华,是因为知识管理不仅仅是管理信息和信息技术,它是通过对知识的管理,将知识管理和人的管理融为一体,重在对隐性知识的载体——人的管理,特别注重开发人的智力,挖掘人脑中的隐性知识和激发人的创造力。关心人尊重人,发挥人才资源的原动力是知识管理的核心。

3. 现代图书馆知识管理的内容

图书馆知识管理作为一种新的管理方法,在理论体系上还有待继续探索与完善,归结起来,其主要内容有以下几个方面。

(1) 知识创新管理

图书馆知识创新管理就是对知识的生产、扩散和转移及其由相关机构和组织所构成的网络系统的管理。它包括知识的理论创新管理、技能创新管理与组织创新管理三个方面。理论创新管理就是通过追踪国内外图书馆学的最新发展动态,丰富与发展图书馆学的研究领域。技术创新管理就是对由与技术创新全过程相关的机构和组织所构成的网络系统的管理。组织创新管理就是通过优化图书馆的职能(业务)部门与工作流程,建立一套符合数字图书馆时代的有效的组织管理体系来支持与加强管理活动。在这一体系中,一是要设立知识主管来负责知识管理活动,制订管理计划和协调各种知识活动;二是要成立知识流专门领导小组来完成与知识管理活动有关的任务。

(2) 知识应用管理

图书馆不仅应关注知识的组织与开发,而且要重视知识需求与应用,以最大限度地实现知识信息的功能与效益。国际互联网虽然有丰富的信息资源和快速、便捷的信息通道,但是用户需要的信息却不能自动到达手中。因此,图书馆应开展基于高速信息网的知识服务。如为企业、政府、社会团体、科研机构建立虚拟图书馆或信息中心；为用户开展深层次的知识服务，逐步建立以用户为中心的信息发布、信息查询、信息专供等信息服务体系，加速数字化图书馆的建设，研究以互联网为基础以 Web 技术为核心的信息发布和查询的方法、手段和技术；建设数字图书馆，使图书馆资源数字化。数字图书馆是知识经济时代图书馆的技术模式和发展方向。今后图书馆知识服务必须从建设赋有特色的、能够在高速信息网络上运行的各种电子期刊、电子图书和数据库开始，努力将现有的非数字信息资源最大限度地数字化，集成在数字图书馆中。

（3）知识传播管理

知识的传播与知识的创新同等重要。通常情况下，知识创新者并不是知识的使用者，他们没有足够的时间去寻找使用者。虽然知识使用者为数众多，但由于各种主观和客观条件的限制，很难直接从知识创新者手中获取新知识。因此图书馆可以充当知识的二传手，利用多种媒体和渠道来传播各种新知识。

（4）知识营销管理

广义的知识营销管理是指对知识商品的生产、定价与销售等全过程、各环节的管理，狭义的知识营销管理是指对知识商品的销售管理。传统的市场营销主要是指主户与客户的买卖关系，而知识营销是一种以客户为合作伙伴、以充分挖掘客户的有效资源为基本出发点、以求得主户与客户共同发展为最终目的的现代管理方法。

（5）人力资源管理

知识经济体系中最重要的知识资源是掌握知识的人才，人才竞争成为知识经济时代市场竞争的焦点。人是创造、传播、运用知识的主体，因而具有知识的人力资源是知识经济中重要的资源。图书馆人力资源管理就是要以培养高素质的专业人才，振兴图书馆事业为根本出发点。在实践工作中，一是应该充分重视馆员需求的多样性与变化性；二是运用权变管理方式来加强对不同馆员的管理，即对一部分人采用严格硬性管理方式，依据规章、流程进行较严格的监督、控制、明确工作的质量与数量的要求，对另一部分人采用较宽松的软性管理方式，让他们参与决策、协商，承担更多工作，以便发挥他们的管理才能，使组织目标与个人目标得以实现；三是做好馆员的培训与继续教育，以此不断提高馆员的科技知识水平、获取知识和创新知识的能力。并且要充分尊重人的价值，引导和发挥馆员的智慧潜能，把开发馆员头脑中知识资源作为提高效率的重要途径。

4. 从信息服务到知识服务

信息是由信息载体、信息符号和编码及信息内容构成的。以文献为例，文献的物理存在形式，即纸质或光、电介质等是信息赖以存在的外部形式，也是我们所说的载体，载体上表达特定含义的符号系统及其组合是信息符号和编码；文献所要说明的问题或阐述的观点等是信息内容，它以抽象的方式依托于载体和符号系统及其组合而存在。但它在某种意义上也独立于信息载体、信息符号和编码。通常载体形式的变化、符号系统的转换不影响信息内容，这也是信息得以传播和保存的根本原因。信息与载体之间存在着难以分割的关系。

知识是人们在改造世界的实践中所获得的认识和经验的总和，它是一种观念形态的东西。只有人们的大脑才能产生、识别和利用它。信息是知识产生和更新的原材料，但是信息绝对不等同于知识，不是像有些学者所认为的"知识是经过人脑而形成的系统化的信息集合"，知识是人类意识的产物，只有在认知主体和认知客体并存而且发生动态关系时才能产生。

知识与信息的产生不是同步的，知识是人类社会发展到一定的阶段，是人们对大量积累起来的信息加以组合、有序化、系统化，发现并总结其一般规律形成的。知识的主观性、抽象性可能会使人们认为知识与信息内容是同类或同一层次的东西。虽然两者具有某些共性，但两者在性质和人的认知层次上是处于不同层次的事物。信息，确切地是指信息内容，才是直接与知识转换的主体。信息载体、符号系统和编码、信息内容、知识四者相比较，物质性越来越不明显，而主观性、抽象性则不断增加。知识的形成是从信息载体、信息符号和编码经信息内容而到知识，而知识的产生和传播的顺序则相反。知识的产生和传播过程相结合形成一个完整的交流过程，在这一过程中先后两次出现的信息载体、信息符号和编码及信息内容可以是不同的。

知识是被人脑接受、处理、吸收和利用的信息，是将信息与资料化为行动的能力。知识按照可表达程度分为不能明确表达的知识和能明确表达的知识两种。不能明确表达的知识也称为隐性知识或默认的知识，是存在于个体的、有特殊背景的知识，它依赖于体验、直觉和洞察力。能明确表达的知识也称为显性知识或明确的知识，是在个人或组织间以一种系统的方法传播的更加正式和规范的知识，它通过语言、文字及其他沟通方式传播。

由于知识与信息之间的广泛联系，信息服务与知识服务之间也存在着密切的联系。如信息服务中的信息咨询服务，既是信息服务业的组成部分，也是知识服务业的组成部分，由于信息咨询服务是高层次的信息服务，因而在某种程度上使人误以为知识服务就是信息服务的继承和发展，或者认为是信息服务的高级阶段。

但是，如同信息与知识之间存在着明显的区别一样，信息服务与知识服务也存在着明显的区别。信息是物质世界的居民，而知识则是认识世界的居民，知识的宿主是人。因而信息服务是以信息资源建设为基础，而知识服务是以人为核心，更重视掌握知识的人，并倚重通过掌握知识的人来促进知识的转移和流动。

信息服务长久以来被当作图书馆和文献信息中心的首要职责，图书馆和信息专业人员被训练成为信息查询、选择、获取、组织、储存再包装、传播和服务的专家。在21世纪知识经济时代，图书馆馆员和信息专业人员有必要重新评估他们在信息服务方面的优势和不足，为图书馆馆和文献信息中心重新定位。

人类知识增长的速度越来越快，对于图书馆及文献信息中心的信息资源发展是一个严峻的挑战。因为受到有限的资金、技术、人员和空间的限制，以信息资源建设为基础的信息服务也受到了挑战；另外，图书馆和文献信息中心员工的知识以及他们所积累的经验却没有受到应有的重视和共享。从信息服务到知识服务有助于图书馆和文献信息中心重新审视自身的优势。

第四节 现代图书馆的人本思想

图书馆工作在管理藏书的过程中，归根到底是与人打交道，书是要人去管理的，要与各种各样的读者打交道，满足不同类型读者的需求。图书馆工作必需树立以人为本，一切为了读者的思想。新的知识经济时代给以人为本注入了新的内涵。从一定意义上说，现代图书馆管理工作的实质就是图书馆服务的"人化"，也就是"以人为本"的管理服务。在现代图书馆管理中，管理的主体是人，同时其管理又体现在服务之中，而其服务的主体也是人，这就形成了图书馆工作中的"人本"中心。

现代图书馆工作的"以人为本"涉及三个方面的内容：信息、人、服务。其中，信息是"以人为本"的物质基础，人包括图书馆工作人员和读者，服务是三者之间的纽带，他们通过信息这个载体使服务的提供者（图书馆工作人员）和接受者（读者）发生联系，而读者对信息需求结构的变化决定着图书馆信息服务的变革，因而读者又是图书馆"人本"中心中"人"的主要部分，图书馆对读者的关心、尊重、培育始终是图书馆工作的中心，"以人为本"体现出的应该是对读者更多的人文关怀；服务的目的是为读者提供更多更有效的信息，因而也就成为"以人为本"的最终落脚点。

中国学者吴建中曾经提出了图书馆变革的三个重心转移，即工作重心从书本位向人本位转移，业务重心从第二线向第一线转移，服务重心从一般服务向参考服务转移。现在我们正在经历这一转移。以人为本和以书为本，仅仅一字之差，差在整个图书馆管理的观念和方式上。以人为本的办馆思想，既反映在信息收集和加工的过程里，又体现在信息传递和咨询的手段上，图书馆的整个业务环节自始至终贯穿着人本位的思想。

一、"以人为本"在现代图书馆中的体现

（1）从"书本位"到"人本位"

长期以来，图书馆受藏书楼观念的影响，从采编、典藏到借阅，工作重心在"藏"上，就是怎么把书收藏好，怎么把书管理好，怎么发挥书的作用，站在书的角度来考虑问题；强调以图书的收藏与保存为中心，把读者摆在次要地位，甚至把图书的收藏与阅读对立起来，致使图书与读者脱离。当前我国图书馆界正处在从传统图书馆向现代化图书馆过渡的关键时刻，实现"一切为了读者"这一观念的转换，是现代图书馆管理理论和工作实践的精髓。把图书馆的读书生活变成读者可真正享受的一种自由权利，已经成为国家现代化建设的客观要求。图书馆从机构设置、资料信息收集和加工过程到信息传递和咨询手段，都应围绕读者的需求展开，在这种需求的调节和推动下，形成适应社会变化的良性循环服务体系。

现代信息技术在图书馆的广泛应用，使得图书馆的工作在整体上通过自动化系统来完成，从而实现图书馆全盘自动化，其具体标志主要有以下五个方面：图书馆主要业务由计算机控制；信息传输由计算机网络控制；具有广泛的电子咨询功能；信息产业（产品）在图书馆自动化中占一定的比例；具有掌握自动化理论并能熟练利用自动化设施开展图书馆各项业务工作的工作人员，这些工作人员应具有一定的知识创新能力。

可见，图书馆自动化的主要目的在于以下两个方面：一是提高图书馆的服务水平和信息储量；二是提高图书馆内部的管理水平和工作效率，为读者提供更好的服务。图书馆业务由计算机控制体现的是"以馆员为本"，计算机的使用使图书馆工作人员体会到技术带来的巨大好处；信息产品和电子咨询体现的是"以读者为本"，为求服务于读者，为读者提供好的产品；图书馆工作人员素质"自动化"（工作人员操作应用现代化工具的能力）和信息传输网络化是这两种"以人为本"得以实现的共同基础。

（2）从"馆本位"到"人本位"

中国古代藏书楼"重藏轻用"的思想延续了数千年。这个思想影响着现代图书馆的发展。观察我国图书馆自动化系统发展的过程，20多年来其所体现的一个主要思想是"以馆员为本"。这主要是受到了"图书馆自动化就是业务工作计算机化"以及传统图书馆"馆本位"思想的影响。这种影响使得图书馆关注的重点在于业务操作，对读者的服务没有体现出信息增值。

从自动化系统在现代图书馆的应用中，我们可以发现，新技术的应用可以大大减轻工作人员的输入量，减轻工作人员的劳动强度，让图书馆工作人员做软件的主人，充分享受软件先进功能带来的自动化成果，工作变得更简单、更方便、更准确。从整体上看，目前图书馆自动化系统为工作人员的服务远远超出了为读者的服务，然而，现代图书馆的功能是开发与保存并重，并向开发倾斜，否则无论是在文化生活，还是在经济生活中，图书馆都将只余下"保存"这一项功能，从而失去其应有的作用，丧失其应有的地位。现代图书馆如果不能借助自动化系统来实现其功能的有效拓展和开展信息开发活动，它的未来图景将会是逐步消亡。由此可知，技术服务对于馆员只是"以人为本"的中间环节，是向服务于读者的过渡。参照国外图书馆发展的道路，可以发现图书馆自动化系统的最终用户不是图书馆及其工作人员，而是图书馆为之服务的广大读者，它凸显了"以人为本"精神和图书馆对读者的特殊关怀。

二、现代图书馆管理中的"以人为本"

图书馆工作的管理必须体现"以人为本"，充分发挥每个工作人员的积极性和创造性。马斯洛的人类需要层次理论、美国俄亥俄州大学提出的生命周期理论，从一个方面说明了影响人积极性的因素有许多，其中是否满足了不同类型人的需要，挖掘每个人的潜力，充分调动人的积极性和创造性，是现代管理中以人为本最重要的一个方面。在这里对于有不同工作经验、不同教育程度以及不同心理成熟度的人采用生命周期理论工作方式，更能体现以人为本的重要思想。

就管理者来讲，对于刚参加工作，平均成熟度处于不成熟阶段的工作人员应该采用高任务、低关系的领导方式即命令式。领导以单向沟通方式向下级规定任务，指出要干什么、怎么干。对于进入初步成熟阶段的工作人员，采取的任务行为、关系行为均应较高，即说服式为最有效。对于进入比较成熟阶段的工作人员，所采取的任务行为要减少、放松，关系行为要加强，采用参与式为最有效。领导与下属通过双向沟通方式，相互交流信息，相互支持。对于发展到成熟阶段的工作人员，采取低任务、低关系即授权式方式为最有效。领导给下属以权力，领导只起监督作用，让下属"自行其是"。只有采用灵活有效的工作手段，同时注重开展一些有益于工作人员身心健康的活动，使工作人员处于情绪饱满的工作状态，才能达到预期的工作目标。

从读者讲，读书是一种安静的行为，图书馆应该为读者创造一个优雅安静的阅读环境，图书馆的设施和设备要为读者着想，既要注重图书馆安静、清洁、明亮，又要具有人性化设计。一进图书馆，阅览室、借书处、目录、保安、急救、失物招领处等指示当一应俱全。可以安排一个适当空间让读者在里面抽烟、喝水、休息、清醒一下大脑，这样才能更好地吸引读者来图书馆，在良好的环境下学习。图书馆工作人员要为读者着想，要为到馆的读者提供优质服务，要开展丰富多样的活动吸引读者来馆，还需要为不能到馆的读者送书上门；不断延伸和扩展图书馆的影响，使之成为现代社会人们生活中密不可分的一部分。

三、现代图书馆服务中的"以人为本"

由于现代科学技术的迅猛发展，计算机技术广泛应用于图书馆管理工作，使得图书馆的工作方式、服务方式发生了巨大变化。图书馆工作人员的服务方式和手段变了，但是图书馆阵地服务形式不会变，图书馆工作的目的和性质不会变。满足不同读者对书刊、知识、信息等的需求不但不会变，而且形式和手段还会越来越丰富多样。因此工作人员更要树立以人为本理念，从内心了解读者的需要，千方百计满足读者的需要。

图书馆工作人员要自觉成为读者的咨询员、导航员、宣传员。现代图书馆书刊借阅实行计算机管理，藏书对读者实行开架服务。读者进入书库后，工作人员应及时针对读者需求，进行咨询解答，并通过现场询问、交谈，帮助读者找到所需要的书。在书库里要做好分类标引，书目标引要醒目、简洁，读者根据标引可以迅速找到自己所需要的书刊资料。还要做好图书的宣传工作。在图书馆内醒目的地方摆放目录柜，并介绍图书分类的一级类目表，使读者能够通过目录查找到自己所需的相关书目，以便读者自己进入书库能迅速找到所要的书。要把新书单独放在架位上并做好标识，在宣传栏内及时进行新书介绍，这样就能节省和缩短读者找书的时间。要开展市场调查，通过召开读者座谈会等形式，做好调研工作及馆藏建设，加强参考咨询和读者利用指导的服务。要加强馆际协作、区域协作、国际协作，真正实现图书馆信息资源的共享，使图书馆不断适应新形势发展的要求。还要把握好传统优质服务项目，对每个到馆的读者做到有求必应，有问必答，让每个读者都得到满意的服务。

在线服务是现代图书馆的重要服务方式。到了数字图书馆阶段，它的服务本质特征也不会改变，只是手段更加现代化，更能快速、便捷、准确地为读者服务，也更加能体现它以人为本的作用。

在编目方面，由于计算机管理系统的优点是一次输入多次输出，避免不必要的重复劳动，提高了工作效率，缩短了读者与新书见面的时间，这样就可以用大量人力与时间进行网上论坛的建设与管理，开展网上咨询服务、读者采购咨询，等等。掌握了读者信息，使图书馆用有限的资金购买利用率较高的书刊，从而提高书刊的利用率和读者的借阅率。

在外借方面，充分发挥计算机的作用，减少借、还书手工操作过程，加强跟踪服务、预约借书、送书上门、读者调查等各类服务活动。

在宣传方面，做好本馆网站的网页，在线读者通过电脑就能查到本馆收藏的书刊资料，以及了解书刊资料是否外借等情况。还要定期开展一些读书宣传活动，如举办新书介绍、图书馆服务宣传周，以及读者的收藏作品展览。同时紧跟形势，捕捉热点，不失时机地举办各种知识讲座和演讲等。注意及时与新闻媒体保持联系，寻求与他们合作制作新闻，使图书馆活动成为报道的焦点和热点以吸引读者，从而提高图书馆的知名度。

工作流程的便利，并不能解决读者利用的便利问题，只有图书馆工作人员的观念不断更新，始终把为读者服务作为一切工作的出发点，才能真正把先进的设备、先进的技术转化为为读者服务的力量。以现代技术为手段，以丰富的藏书为依托，逐渐解决文献载体、文献传递的时空限制，还读者以便利，刺激读者的利用需求，挖掘读者的利用潜力，实现以人为本。

总之，现代信息技术在图书馆中的应用，推动了图书馆办馆理念、工作流程、部门结构、服务方式等的深刻变革。作为网络环境下的现代图书馆，还面临着知识经济的挑战，如何加强知识的组织与管理、增强知识服务功能，都是一些亟待研究的新课题。当然，图书馆工作的人本思想是一个巨大的进步，如何将"以人为本"落实到图书馆内部管理和读者服务中，落实到图书馆工作的各个流程中，也是需要图书馆工作人员认真思考的问题。

第二章 信息资源共建共享的相关理论

信息资源共建共享涉及信息管理方面的多种理论,其中相关度比较大的是信息资源建设理论、信息资源分布规律、信息资源配置管理以及信息共享机制的研究。

第一节 信息资源建设理论

在我国应用图书馆学的研究中,信息资源建设工作的名称一直处于变化之中,经历了采访—藏书补充—藏书建设—文献资源建设—信息资源建设的演变过程。目前,不论是理论界还是实际工作部门,在表述信息资源建设这项工作及学科时,有的称文献资源建设,有的称文献信息资源建设,有的称藏书建设,有的称馆藏建设,有的称馆藏发展,有的称信息资源建设,这既不利于学科理论的发展,也不利于实际工作的开展。因此,有必要对表述混乱的学科名称进行梳理和科学的规范,从而建立起一个全新的信息资源建设理论体系。

文献资源建设作为我国图书情报界所独创的概念及理论,自 20 世纪 80 年代中期诞生以来,很快便获得了图书情报界的普遍认同。它丰富和发展了藏书建设理论,突出强调了文献收藏的整体观念,彻底摒弃了自给自足的思想,确立了资源观念和特色观念,加快了我国图书情报界文献资源共建共享的步伐。到了 20 世纪 90 年代中期,我国的一些学者又提出了文献资源建设要向信息资源建设发展的问题,其根本原因就在于人类记录和传播知识、信息的手段和方式的巨大变化导致了文献资源建设理论的嬗变。

随着互联网的迅速普及,图书馆的馆藏空间结构由单一的物理馆藏演变成"物理馆藏+虚拟馆藏"。在虚拟馆藏中,除了商业性电子信息资源(商业性数据库和网络电子出版物)、政府及学术团体电子信息资源以外,还有相当多的国内外文献情报机构的信息资源。作为以向社会提供信息服务为己任的图书馆,若要从网上获得信息资源,就必须向网上输送信息资源,尽管没有人做此规定,但也没有人否定这是一个不争的事实。因此,图书馆若想利用虚拟馆藏,就必须建设虚拟馆藏,即以丰富的馆藏文献信息资源为对象,开发出各种类型的数据库并上网服务。这是网络环境下图书馆的必然选择,也只有共同建设虚拟馆藏,图书馆才能真正做到资源共享。

目前,由于知识产权的制约,大量信息资源还不能以全文数据库的形式上网服务,但先进的电子文献传递手段为我们克服了远程获取一次文献的技术障碍。因此,开发馆藏文献信息资源,建设虚拟馆藏已是现代图书馆信息资源建设的重要组成部分。而这一重要的组成部分是文献资源建设理论所没有容纳的,文献资源建设理论强调的仍然是充分地占有文献资源,所不同的是文献资源建设理论突出强调了信息资源建设的整体意识。所以,在网络化的今天,文献资源建设理论的局限性就暴露出来了,有必要加以丰富和发展。

一、信息资源建设的界定

在图书馆界提出文献资源建设概念,并用之取代藏书和藏书建设之前,情报学界就已经对信息资源、信息资源建设的一些问题展开讨论了。随着20世纪80年代中期国外信息资源管理理论的引进和国内对此领域研究的趋热,以及我国正式联入互联网,信息资源建设就已经成为信息机构的工作内容和情报学理论界的研究内容了。但与图书馆界不同的是,情报界所说的信息资源建设是指网上信息资源建设,即数据库的建设,而不是图书馆界所理解的取代"文献资源建设"的含义。如原国家科委科技信息司司长朱伟就认为信息资源是由基础性数据库和动态性网络资源所组成的,但他又承认制品媒介提供的信息也属于信息资源,只不过是信息资源以电子信息为主罢了。其实,面对共同的社会环境和技术环境,图书馆界和情报界关于信息资源建设的不同理解是完全能够加以整合的。

信息资源建设可以理解为:信息资源建设是人类对处于无序状态的各种媒介的信息进行有机集合、开发、组织的活动。网络环境下的信息资源建设既包括文献型的资源建设,也包括数据库的建设,还包括对网络信息资源的开发与组织。可用一个方框来揭示信息资源建设、文献信息资源建设和网络信息资源建设的关系。

由此可见,信息资源建设活动要比文献资源建设活动宽泛得多、复杂得多。只有将文献资源建设、数据库建设与网络信息资源建设有机地结合起来,才能称得上完整的信息资源建设。

应该说，信息资源建设与文献信息资源建设和馆藏建设是包容关系。信息资源建设犹如一级类目，属于宏观层面；文献信息资源建设犹如二级类目，属于中观层面；馆藏建设犹如三级类目，属于微观层面。文献资源建设尽管失去了"统帅"地位，但其作用并未削弱，而且只能加强不能削弱。因为网络环境下更需要文献资源的整体化建设，同时也有条件比过去做得更好。而微观层次的藏书建设则是宏观和中观建设的基础，否则，宏观与中观建设就无从谈起。因此，我们说三者各司其职，谁也取代不了谁，每一个概念都有其特定的含义，但在称谓上也可以称文献信息资源建设和馆藏建设为信息资源建设。

二、关于信息资源建设的理论体系

从学科体系角度来讲，信息资源建设属于应用图书馆学的一个分支学科。既然是一门学科，就应具备相应的理论体系。吴慰慈教授曾提出，信息资源建设的理论体系可分为三大部分：第一部分为基础理论（主要包括学科的研究对象、内容、性质、方法、理论基础，信息、信息资源、信息资源建设，文献信息、文献信息资源、文献信息资源建设，馆藏、馆藏建设）；第二部分为原文献资源建设理论的研究内容，主要分为宏观部分（包括国内外文献信息资源协调的历史和现状，文献信息资源协调的模式，文献信息资源协调的内容、原则，文献信息资源建设的内容）和微观部分（包括馆藏建设的内容、原则、规划，馆藏的结构、补充、组织，馆藏的复选、剔旧、评价、保护），这仍然是网络环境下信息资源建设的主要内容之一；第三部分即网络信息资源建设理论（包括网络信息资源的开发，网络信息资源的组织，网络信息资源的采集和数据库建设），这是传统文献资源建设理论所没有的，但它又是新时期信息资源建设必不可少的内容。只有搞好网络信息资源建设，图书馆才能充分地满足读者和用户的信息需求，充分地履行社会所赋予的职能。

图书馆是在不断向前发展的，图书馆学理论也应当是不断地完善、丰富和发展。从"藏书建设"发展到"文献资源建设"是历史的必然，从文献资源建设发展为信息资源建设也是学科理论发展的必然。我们必须正视现实，积极地研究人类信息传播领域所发生的变化，才能推动信息资源建设实践的健康发展。

第二节　信息资源的分布

信息资源分布是指已经形成的信息资源的空间结构形式，是以往各个阶段信息资源配置计划或规划实行的结果，也是今后新的信息资源配置包括信息资源分布调整的依据和出发点之一。合理的信息资源分布是实现信息资源共享的必要前提。

影响信息资源分布的因素主要包括政治因素、经济因素、社会因素、文化教育因素、科学技术因素和信息交流因素等，但其中起支配作用的是这些因素共同决定的信息资源生产者和消费者的数量、聚合程度及其变化。信息资源分布经常是不平衡的，信息资源生产者和消费者集中的地方信息资源相应地就会出现富集现象，反之就会出现贫集的现象。信息资源分布的不均衡是信息资源分布的一般规律，不均衡的表现形式就是信息资源的"聚集效应"和"扩散效应"。具体到特定历史时期或特定的国家或地区，信息资源的聚集和扩散的表现形式又有不同。

一、我国信息资源的分布

既然信息资源分为文献信息资源和网络信息资源，那么信息资源的分布也应该从文献信息分布和网络信息资源分布这两方面来考察。

1. 文献信息资源分布

我国文献信息的分布，可以从地区分布、行业分布和学科分布三个方面来考察。

根据有关统计，我国文献资源集中分布在华北和东北南部的京津辽地区、华东的沪苏浙鲁地区、中南的鄂湘粤地区。以公共图书馆和图书馆的累积文献资源总量的多少排序，达3000万册（件）藏量的省市有9个，它们依次为京、苏、沪、鄂、辽、川、鲁、粤、湘；不足1000万册（件）藏量的省（市、自治区）有5个，它们由少到多的排列顺序分别是新疆、宁夏、青海、海南和西藏。以人均公共图书馆和图书馆文献资源藏量而论，超过1册的只有北京（5.5册）、上海（3.3册）、天津（1.9册）3个直辖市；低于0.5册的省份依从少到多的排列顺序则为豫、黔、皖、海（南）、冀、鲁、桂、云、川、粤。北京、辽宁、湖北、陕西、四川、上海、南京的文献资源累积总量在各自的大区内都是鹤立鸡群，这些省市可作为全国范围内文献资源布局地区中心的候选者。从全国范围内文献资源分布的总体情况来看，北京和上海是两个最具有富集特点的中心，它们的公共图书馆和图书馆文献资源累积总量约占全国总量的15%，是当之无愧的全国文献资源中心。

文献资源的行业分布是指文献资源在不同行业中的聚集和分布情况。行业分布同样是不均衡的，我国图书馆领域多年来就是三大系统即公共图书馆、图书馆和科技图书馆在唱主角。新中国成立后我国图书馆的主要任务是为科技和教育服务。公共图书馆虽然面向广大的城乡居民，但其累积文献总量却远远低于科技图书馆和图书馆；就教育系统和科技系统而言，如果把为数众多的中等专业学校图书馆和中小学图书馆算进来，那么，教育系统的累积文献资源总量与科技系统基本不分伯仲。三大系统图书馆是我国图书馆文献资源积累量最多的三个行业系统，除此之外，文献资源积累总量相对丰富的行业系统还包括全国总工会系统的工会图书馆、全国各基层政府的城市街道图书馆和农村乡镇图书馆、军队系统的军事图书馆。

文献资源的学科分布是指各地区图书馆馆藏文献资源所覆盖的学科范围的大小及其完备程度，其实质是文献资源内容的地区分布。学科分布可以从三个方面来描述：一是我国图书馆引进的各学科国外文献种数占国外出版的各学科文献种数的比例，二是我国图书馆收藏国内出版的各学科文献种数占国内出版各学科文献种数的比例，三是各地区图书馆馆藏各学科文献资源占世界或全国出版的各学科文献种数的比例。多年来，一直没有这方面的详细数据，按常理推之，文献资源总量多的地区文献资源的学科覆盖面一般较广，其完备性也较高。

2. 网络信息资源分布

网络信息资源是指经过计算机化处理，储存在硬盘、软盘、光盘或其他载体上，可供人们在网络上存取和利用的信息资源。通常情况下，具有一定规模的网络信息资源一般以数据库的形式存在，现存的数据库资源只要解决了标准化和收费等问题，也都可以在网络上提供服务。所以，分析网络信息资源分布首先要分析数据库资源的分布，包括数据库的地区分布、数据库的学科分布以及数据库的生产商分布等多个方面。

图书馆本应是互联网上主要的信息资源提供商，然而，清华大学图书馆整理的我国上网图书馆的清单显示，目前已上网图书馆主要集中在京、苏、粤、沪、鄂等地，而且这些图书馆大多只能提供一些诸如公共目录查询等简单的服务，真正能在网上提供的信息资源极其有限。与此相对的是，很多企业、大学、政府部门都已上网成为互联网上的信息资源提供者，他们都将是图书馆的竞争对手。如果图书馆不能够联合起来，尽快参与网络信息资源的开发和传播，那么图书馆在信息领域和社会中的地位和作用将逐渐减弱，最终会沦落为主流信息部门的补充。

二、我国信息资源分布的均衡分析

信息资源分布的理想状态是均衡分布。从公平的角度分析均衡分布，信息资源分布应趋向人均信息资源占有量的平衡；从效率的角度分析，信息资源分布应围绕知识工作者集中的城市高度聚集；任何一个社会都不可能过分偏重于公平或效率，为此，信息资源的均衡分布应是充分贯彻公平和效益原则的结果。

从公平原则考虑，相关数据显示，我国信息资源的分布是极不均衡的。一是信息资源高度集中于东南沿海地区，广大的中西部地区缺乏足够的信息资源；二是信息资源高度集中于大城市，占我国人口70%的广大农村居民基本上生活在"信息资源贫困线"之下；三是信息资源高度集中在高端的文化、科技、高等教育等系统，面向中小学生、城市普通居民和商人的图书馆信息资源相对不足。信息资源分布及其调整必须体现公平准则，并通过公共图书馆和作为公共图书馆延伸或补充的城市社区图书馆和农村地区的图书馆来实现，以尽量保证人均公共图书馆藏书的平衡而不是所有信息资源的平均化。就网络信息资源的分布而言，公平准则表现在我们要逐步为所有的中国居民利用网络信息资源提供平台、手段和培训，而不是网络信息资源在地理分布方面的"面面俱到"。

从效率原则出发，信息资源的均衡分布应与重点信息用户的分布相匹配。从宏观层面考虑，从业人口中具有大专以上学历的人口无疑属于图书馆的重点信息用户。效率原则的实现也可以从区分有效需求入手寻求解决途径。有效需求是指图书馆以自己的信息资源积累能够充分而高效地满足的需求，是其他信息资源部门不能够完全满足的信息需求。图书馆信息资源的均衡分布是与有效信息需求分布相匹配的一种状态。

信息资源的均衡分布还意味着与国家战略的同态对应。新中国成立70多年来尽管我国图书馆界一直在努力适应国家战略的发展，但由于多种原因，目前的信息资源分布状况仍然远远不能满足国家战略的调整和发展。只有及时预测和掌握国家战略的方向和内容，图书馆的信息资源分布才能最终实现与国家战略的同态对应，才能在更高的层次实现均衡分布。

第三节 信息资源的配置

信息资源配置与信息资源分布之间是一种互为因果的关系，信息资源配置必然会形成或改变信息资源分布格局，而信息资源分布格局一旦形成，就一定会以这样或那样的方式反作用于后续的信息资源配置行为。

一、信息资源配置的含义

学术界对信息资源配置的含义也有多种不同理解，比较有代表性的观点有以下三种。

乌家培先生认为，信息资源配置相当于信息资源的分配，它同其他资源一样有时间、空间、数量三个方面的配置问题，信息资源配置后的结果是形成各种各样的信息资源结构。信息资源结构合理与否取决于信息资源配置是否合理。这一定义的主要贡献是明确了信息资源配置的基本内容，并对信息资源结构与信息资源配置两者之间的关系进行了科学阐释。

雷国庆认为，信息资源配置是以人们对信息资源需求为依据，以信息资源配置的效率和效果为指针，调整当前的信息资源分布和分配预期的过程。这一定义的突出特点之一就是强调了用户信息需求对信息资源配置的导向作用，并认为配置的基本目标之一是提高信息资源配置的效率和效果。

周毅提出，信息资源配置是根据社会信息资源需求的变化和要求，以信息资源分配利用的社会公平和信息资源配置效益的提高为目标，以政策与法规机制、利益与市场机制和网络技术保障机制的使用为手段，调整当前信息资源分布和分配预期的过程。在这一定义中，它主要包括三层基本含义。

第一，信息资源配置的基本依据是社会信息资源需求变化与要求。社会的信息资源需求与变化可以分为两类：一类是个人或团体用户的信息资源消费需求，这主要是出于提高信息资源利用率的考虑。另一类是增强国家信息资源保障的需要。为了国家信息安全，增强我国在国际竞争中的信息优势，在信息资源配置中必须从国家和民族的长远发展出发，努力提高我国国家信息资源保障率。

第二，信息资源配置的基本目标或称之为信息资源配置的理想状态是信息资源分配利用的社会公平和信息资源配置效益的提高。只有兼顾效益（主要是指经济效益）与公平的配置才是合理的、理想状态的信息资源配置。

第三，信息资源理想配置状态的实现必须综合运用政策与法规机制、利益与市场机制和网络技术保障机制三大手段。由于社会信息资源需求和信息资源分布状态也在发生经常性变化，因此，在综合运用多种机制与手段的条件下，信息资源配置的理想状态只能相对实现，或者说，在信息资源配置中，其配置状态只有"更优"而没有"最优"。而且，在现在和今后，某一具体信息资源配置过程的展开，不可能是某一手段的孤立运用，它必须综合发挥上述三种机制的作用。在不同时期，对一般配置对象而言，信息资源配置所采用的主要配置手段可能会有所区别。

二、信息资源配置的内容与类型

1. 信息资源配置的内容

信息资源配置的主要内容包括信息资源使用的时间、信息资源配置的空间和信息资源配置的数量等三方面。信息资源在时间、空间、数量上相互结合后配置的结果，是形成各种信息资源配置结构。

由于信息资源（特别是核心信息资源）对时间特别灵敏，信息资源在过去、现在、未来三种时态上的配置对其效益的发挥影响极大。用户的信息资源意识发生变化，信息资源的需求状况、时效性发生变化，信息资源的开发利用水平、开发利用技术也发生变化，从而导致信息资源在不同时间上表现出不同的开发利用效率。所以，在信息资源配置中必须充分考虑到时效性，尽可能在过去、现在和未来三个时间段上开展针对性的信息资源配置活动，以保证在信息资源生命周期内发挥其最大的作用。

信息资源的稀缺性及其用途的可选择性，决定了它会流向各种可被选择的用途，并在各种用途上发挥作用，最终实现信息资源的价值。这就是信息资源在空间领域的分配。信息资源在空间领域的分配可分为部门间的分配、地区间的分配和产业间的分配这三个层次。这三个层次的目的只有一个，就是实现在整个经济社会中没有发生信息资源短缺或信息资源闲置的情况，同时使信息资源在配置中实现了最大效益。

其中主要是指信息资源的存量与增量配置。信息资源的存量是指一个地区、一个部门或一个企业信息资源的拥有量。信息资源的增量是指在一定范围内及一定时间内信息资源的增加量。在信息资源增量与存量之间存在着密切关系，一般而言，增量为支持，以增量的投入带动存量的转移。

2. 信息资源配置的类型

信息资源配置的类型主要包括宏观调控主导下的离线信息资源配置和市场驱动的在线信息资源配置。

宏观调控指导下的离线信息资源配置，主要是指文献信息资源建设。文献信息资源建设是国家信息资源建设的最后一道屏障，是国家信息战略的底线，而维系这条底线的就是文献信息资源配置。作为一种国家行为，国家主管部门参与宏观层面的文献信息资源配置是必要的也是必需的，适合我国国情的文献信息资源配置模式也应该是一种宏观调控指导下的自由组合与合作模式。

市场驱动的在线信息资源配置，主要是指网络信息资源的配置。网络信息资源配置同样也要遵循文献信息资源分布的规律，要体现公平与效率的原则。在网络信息资源配置中，图书馆的性质决定了它只能是一个配角。但图书馆不同于联机中间服务商的地方在于图书馆本身拥有丰富的信息资源体系，图书馆一方面可以信息资源数字化，从而进入网络信息资源生产者的行列，另一方面又可以利用其广泛的用户基础充当其他网络信息资源生产者的中间服务者。

三、信息资源合理化配置的一般原则

信息资源合理化配置的实现是一个极为复杂的过程，它既要保证用户满意性信息需求的实现，又要追求配置效益最大化的目标，为此就必须在配置策略制定、实现机制选择和配置过程具体组织中遵循一系列基本原则。

（1）需求导向原则

需求导向原则是指根据各种个体、团体和国家整体的信息需求规律，调整我国信息资源配置状态。考察个体信息需求的一般规律，可从我国人口分布及其构成入手。考察团体用户信息需求的一般规律，可从企业、高等学校和科研院所这些重点团体用户出发。从国家整体考察信息需求的一般规律，主要应将重点放在国家发展战略和经济重心的变化上。这三个层次的用户信息需求规律研究，目前主要是原则性的，它们应成为信息资源配置的基本导向。

（2）社会经济福利最大化原则

社会经济福利最大化原则具体体现在以下几个方面：一是从福利经济学观点出发，信息作为人类创造的财富，应当不受任何限制地流通，从而最大限度地实现其价值和效益，所以在信息资源配置中应当运用多种机制并创造各种条件推动信息快速有效地流动；二是从信息产权角度出发，信息的无限制流动又可能损害某些信息生产者或信息所有者的利益，使他们可能出于保护自己信息产权的需要而人为地限制信息的流动，从而影响信息"福利"在用户中的分配，所以要通过制定信息产权保护等法律手段，制定有关信息共享协议等，调整信息资源配置中涉及的各种主体之间的利益分配关系；三是从用户信息消费权的取得与保护出发，用户信息消费权的取得是实现信息资源配置社会经济福利最大化目标的必要前提，用户的信息消费过程就是直接产生信息资源配置效益的过程。

（3）系统完备原则

系统完备原则主要表现在以下几个方面：一是在提高国家信息资源保障与利用能力和形成信息优势的统一要求下，通过信息资源配置过程，逐步形成一个互通有无、互相补充，方便用户利用的国家信息资源结构体系，充分利用整体优势使各类信息资源要素的配置处于匹配状态，同时以尽可能小的投入发挥尽可能大的效益。二是在信息资源配置中应根据不同地区、行业和部门的用户信息需求广度与深度等方面的差异，发挥各地区、各系统现有信息资源的优势，科学设计信息资源的学科结构、信息资源载体类型结构（如数字化信息资源与传统文献资料的结构）、信息产品层级结构（如一次信息产品、二次信息产品等）等。三是在信息资源配置中要根据我国科学研究与经济发展的需要，使各学科门类、各种内容的信息资源在我国都有较系统的收藏达到较高的完备性。另外还要考虑国家安全需要，充分估计并预防在信息资源配置中可能存在的诸如侵袭、破坏等不安全因素，设置相应的配置方案。

（4）动态更新原则

针对科学文献的半衰期规律和网络信息资源更新频繁的动态特点，信息资源宏观配置管理也应适应信息生命周期的变化，不断进行信息资源的动态更新。只有这样，才能使信息资源系统得到及时维护，保证信息用户利用目标的实现。

四、我国信息资源配置模式的确立

在确立我国图书馆信息资源配置模式之前，应做好以下几项基础工作：第一，确切了解和掌握当前我国信息资源分布的详细数据，明确信息资源配置的方向；第二，全面分析和综合当前我国人口分布与构成的数据，确立信息资源配置的目标；第三，深入剖析和区分信息用户的各种信息需求，确定信息资源配置的重点；第四，综合分析和评价全国主要的战略型图书馆的现有资源、辐射区域、用户基础及其发展潜力，制定信息资源配置的方案；第五，多方评估和论证配置方案，组织力量予以实施。在做好上述基础工作之后，可从以下几个方面着手信息资源配置工作。

首先，确立由公共图书馆、图书馆、大型科技图书馆组成的战略图书馆体系，它们除重点保证决策部门、高校师生和科技人员的信息需求外，还要加大协作力度，共同构建我国的信息资源保障体系，特别是文献信息资源保障体系。

其次，围绕战略图书馆体系，大力发展由城市街道图书馆、乡村图书馆、中小学图书馆、工会图书馆和军事图书馆所组成的普通图书馆体系。它们的定位是战略图书馆的延伸或补充，它们的价值在于为每一个人利用图书馆提供均等的机会，并逐渐缩减文献信息资源的配置，最终作为战略图书馆的一个镜像站点或终端而存在。

最后，图书馆将主要在高端为重点信息用户提供文献资源服务（体现效率原则），而在低端以积累的文献资源和流动的网络信息资源为基础，为普通居民提供信息服务（体现公平原则）。

第四节 信息资源共享机制

信息资源的合理化配置，其目的是建立一个合理的信息资源共享机制，这是信息资源共建共享体系的核心。只有建立起组织合理、管理科学、不断创新的共享机制，才能达到用全人类所创造和积累的全部信息资源为人类的进步和每一个人的全面发展服务的目的。一个合理的信息资源共享机制，应该满足以下几点要求：一是良好的全局和合作意识，参与共享的各方必须打破地域、行业和组织的界限，走一体化之路；二是合理的组织制度，参与共享的各方之间必须建立良好的交流制度，有一个基于互联网的公开、透明、通畅的交流网络，为参与共享的各方实时提供信息资源分布调整和信息资源配置切分的信息；三是科学的权、利机制，参与共享的各方要严格履行义务，同时也能享受到利益驱动机制带来的收益。

一、信息资源共享机制的建设

具体而言，图书馆信息资源共享机制主要包括信息资源共享的平台和信息资源共享的基础设施。

图书馆信息资源共享的平台建设，主要包括技术平台、管理平台和法规平台。在网络环境下，技术平台主要是指图书馆信息网络等"硬件基础"。这个平台应该具备协调采集、联合编目、馆际互借、信息检索、信息咨询、主题导航、数字资源建设等功能。图书馆信息资源建设的管理平台主要指信息资源共享观念体系、协调组织、管理方法和程序等"软件基源"共享的实现需要有一个观念基础，应通过多种方式提倡和推行全局观念、资源观念、合作观念、双赢观念、投入产出观念、创新观念和服务观念，从而为全面的信息资源共享扫清认识障碍。图书馆信息资源共享的协调组织是管理平台建设的关键，从某种意义上说，目前制约我国图书馆信息资源共享的最主要因素不是技术而是管理。图书馆信息资源共享的法规平台泛指各种与信息资源共建共享有关的法律和规章制度。信息资源共享是一个需要多行业参与和协同努力的社会活动，图书馆仅是其中的一个环节。为了协调不同行业之间的利益和职责，就需要政府出面制定相应的政策和法规，规范各方的行为，确保各方的利益不受侵害。

图书馆信息资源共享的基础建设，主要是指在技术平台和管理平台上运行的业务活动，这些活动又是信息资源共享的基础工作，主要包括合作馆藏建设、联机联合编目、网上文献传递、在线信息咨询等。

二、从信息共享到知识共享

合理的信息资源共享机制，能够促进信息的传播和利用，从而促进知识的创新。因此，我们有必要认清信息共享与知识共享的关系。

1. 信息共享是知识共享的基础

英国哲学家波兰尼区分了显性（explicit）知识与隐性（tactic）知识两种知识。他认为：显性知识是可以表达的，容易用数据、科学公式、编码过程和普遍规则来传播和共享；隐性知识则是高度个人化的，难以形式化，主观的观点、直觉、预感就是隐性知识的直接表现。不管是显性知识还是隐性知识，知识共享依赖于会话与交流，狭义上包括通过文字、符号的交流，广义上则包括言行举止等。知识如果不通过信息，则不可能共享。在实践中，认识主体将接收到的显性知识结合自身的隐性知识，转化成为内在的经验和智慧，变成个人有价值的知识财富。

鉴于知识的主观性和对具体应用环境的依赖，人与人之间，从隐性知识到隐性知识直接交流就十分有效。然而这并不是可持续发展的共享策略。虽然现代通信的触角伸向了世界的每一个角落，人际接触和互动几乎没有技术障碍，但是技术的可得性、记忆遗忘、工作变动、时间和精力的不足等情形，使个人知识的群化产生了很大局限。所以需要采取可记录形式，通过不断的知识"外化—融合—内化"的过程，来弥补从隐性知识到隐性知识的不足，扩大知识共享的效率和范围。由此来看，知识的共享需要借助于信息的共享。换言之，信息共享就是知识共享的基础。

2. 知识共享是信息共享的高级形式

信息共享是为解决社会信息急剧增长、无序性与人类需求的特定性之间的矛盾而产生的，为此不同规模的信息系统需要通过分工协作，加强信息资源的有效配置和管理，提高信息资源的控制能力和定向流动能力。信息共享的目的，也在于提高用户的信息控制和信息存取能力，提高信息需求的满足程度。图书情报系统中的资源共建共享，也是一种典型的信息共享。因为迄今为止，它主要还是在文献信息单元而不是在知识单元的层次上进行资源配置和共享。信息共享首先表现为信息资源的有效配置、管理、协调，建立一种虚拟的集体收藏，是这种资源的共建；而最终体现在通过分担、协作，建立更强大的信息组织控制和存取利用能力，是这种能力的共享。

对于知识共享，宏观上涉及国家知识创新体系，微观层面可深入个人之间知识的交流网络。知识不同于数据和信息，知识属于意识的范畴，人是实现知识的主体；而信息可以独立于人而存在。所以，知识共享和信息共享之间最大的不同，是在哲学思想上的不同。知识共享的目的，是要使共享系统内的每个成员都能充分接触和使用其他人创造的知识成果，并利用这种共享关系促进已有知识的价值最大限度发挥和新知识的不断涌现。知识主要通过人与人之间的接触和协同工作关系实现共享，可见，知识共享可以理解为在知识开发和利用的层面上，通过人与人之间建立紧密关系、相互接触和会话，而实现的知识资源的复用和知识创新的不断推进。

信息共享很大程度上依赖于信息技术和系统来实现，高度发达的技术系统，包括信息的索引、组织控制、查询和传递的技术，可以大大提高信息共享的效率和效果。但是，对知识共享来说，光有技术和系统是不够的。在知识生产者之间，通过社会性协作过程中的沟通和交流，人们相互构筑信任关系，知识共享才能产生。信息是由信息载体、信息符号及信息内容构成的，通常载体形式的变化、符号系统的转换不影响信息内容，这也是信息共享效率高的根本原因。而知识共享依赖于人的思想、价值、文化以及体制、环境，它的实现要难得多。然而当社会的分工越来越细致，往往人们不希望通过共享原始的信息并自行加工，使之上升为知识，而是直接对具有行动价值的知识提出了更多需求，以增强适应环境变化的能力。所以，对知识的共享，是信息共享的高级形式的表现。

应该说，信息资源共建共享体系的建设属于信息资源配置的内容（宏观的、中观的、微观的三个层次），但是共建的目的是共享。信息资源的调查是为了摸清信息资源的分布，信息资源共享机制的建立是为了协调共享体系。

第三章　现代图书馆服务概述

人类社会已经进入了信息时代，信息成为人类进步不可缺少的因素，发达国家更是把信息看作是推动技术进步与经济发展不可缺少的投入。在这种背景下，以提供文献信息服务为宗旨的图书馆服务日益显示出其重要性。但是，当今图书馆工作存在诸多问题，为了探索图书馆服务工作的规律和发展趋势，更好地指导工作实践，确保图书馆更好地发挥自身的作用和功能，我们必须把现代服务理论这个基本概念的属性和图书馆服务理论的本质联系起来做深入的研究。

第一节　图书馆服务的本质

系统论主张从系统整体出发研究系统与系统、系统与各组成部分及系统与外部环境的关系。如果将图书馆看作一个系统，则图书馆系统包含文献采集处理子系统、文献信息传递子系统、图书馆管理子系统、读者子系统四部分。在具体的图书馆工作中，我们在强调前三个子系统的同时，却忽略了衡量前三个子系统效益标准的读者子系统。一般来说，只有读者子系统与前三个子系统相互作用才能显示出整个图书馆系统的活力，这种相互作用在图书馆工作中便体现在图书馆的服务工作上。一个图书馆对于读者的态度决定着读者服务工作的质量，这一切又影响到图书馆内部工作的展开。从系统的内部来分析，不重视读者工作的图书馆，系统总是处于超稳定的状态，即输入的文献信息总量大于输出的文献信息总量。

阮冈纳赞在图书馆五原则中一直强调图书与读者的关系，另一方面认为图书馆作为一个发展的有机体的存在必须是适应读者不断变化着的需求，图书馆的价值最终是为了读者而存在。如果一个图书馆失去读者，其价值体现也便失去依据，而衡量图书馆价值一般是从图书馆服务这方面来说的。我们可以看到，国外图书馆的一个良好传统便是：素来以读者至上。在英国，图书馆学术界和图书馆界对图书馆服务的基本观点是：为读者服务是图书馆存在的最终目的，图书馆的去向最终取决于读者服务的去向。美国学院和研究图书馆学会制定的图书馆标准明确规定：必须经常地教育读者有效地利用图书馆。有了读者，同时还有为满足读者不断变化的需求而服务的观念，便是完整的、有活力的图书馆系统。

第二次世界大战以后，世界形势发生了重大的变化，科学技术有了新的突破性发展。1946年第一代电子计算机诞生于美国，带来了科学史上的重大革命。1954年，第一台计算机应用于图书馆，带来了信息的自动化。信息论、控制论、系统论等横向学科相继问世，为图书馆学与社会科学、自然科学的结合架起了桥梁。通信技术、自动化技术等在图书馆和情报部门得到广泛应用，文献类型日益增加，文献数量急剧增长，人类社会开始进入信息时代。而信息化时代的根本特征之一是社会化，在社会化过程中，图书馆与社会的政治、经济、文化、教育乃至人们的日常生活联系得更为广泛和深刻。

图书馆的服务观念和服务工作有一个缓慢的发展过程。在漫长的发展过程中，由最初形式的藏书开放，逐步发展外借、阅览等流通方式；由只为少数学者专家服务，发展到为广大的民众服务；由单纯的流通书刊，发展到宣传图书，指导阅读；由被动的提供文献的资料，发展到主动的开发信息资源。这是一个由低级向高级，由简单向复杂，由被动向主动的历史发展过程。每个发展阶段都使读者服务工作向更高的水平迈进。

从服务观念和服务思想上来看，在强调文献的提供和传递作用的同时，必须强调对读者的教育作用。从历史发展来看，凡是比较强调图书馆服务工作的教育作用、把读者服务作为一种教育人民的手段来看待的，那个时期的服务工作就比较深入，也比较丰富和活跃，取得的成绩也比较明显和突出。所以，在读者服务工作中抓住教育作用这个重点是提高服务质量的关键。

由于读者服务工作是利用书籍来进行宣传和教育的工作，因此，它总是与各个历史时期的政治、文化息息相关。从上述我国近代图书馆读者服务工作的发展简史中，也可以窥见中国近现代社会历史发展的一斑。

当前世界新技术革命的浪潮冲击着各行各业。作为信息交流中间环节的读者服务工作，必然会受到深刻的冲击和影响。我们必须掌握时机，一方面要在认识上赶上形势的发展，提出新的服务观念和服务思想；另一方面要抓紧应用新的科学技术来装备和发展图书馆事业，促使读者服务工作向新的方向和水平进军。

传统图书馆的服务主要是以文献借阅为主，而在信息网络时代的图书馆应力图突破这种局限，强调图书馆的多功能创新服务，即图书馆要深化文献信息资源服务，不仅要提供文献单元服务，还要提供信息知识服务；接受各种咨询，解答各种问题。同时，还要扩大服务内容与服务领域，积极为大众提供休闲、审美、交流、健身、学习等多方面的服务。在信息化社会，图书馆服务的本质不但强调图书馆服务多功能，还要注意加强特色服务。特色服务的基本前提是，每一个图书馆都应该建设出自己的馆藏特色，以展示自己存在的个性，同时馆藏资源以某一学科领域以及相关文献为范围，在服务上有针对性，服务方式灵活新颖。图书馆因其馆藏的专一性，可以在信息知识服务上迅速形成"垄断"地位，提高服务的权威性及保障率。

在现代社会，图书馆服务是一种有着丰富内容和重要意义的工作，它是图书馆工作的主要组成部分，是图书馆这个组织联系社会与用户的桥梁，是图书馆工作的最终价值体现，是图书馆工作的出发点和最终目的，也是图书馆为社会的物质文明、政治文明和精神文明建设做应有贡献的主要途径和手段。图书馆是文献信息的服务中心，而图书馆馆员作为信息资源的管理者，无论对传统的印刷品信息资源，还是对现代化的电子出版物及网络信息资源，都应利用其自身的知识和技能进行有序的管理，主动搜选编辑、加工提炼生产再创信息，以便向用户提供快捷的、高质量的、针对性强的信息资源；成为信息资源管理的专家，在信息社会中扮演并担负起"信息导航"者的角色，辅导读者合理利用文献信息资源，引导读者以最快最佳的方式查找所需文献；并且在整个服务过程中，要遵循"省力原则"，要了解到"查找、利用方便"是吸引读者的关键。在新时期我们应积极构筑全新的知识服务平台，提高信息用户的信息意识和信息能力，以读者为中心，想读者所想，只有这样才能赢得更多的读者。

在图书馆事业的发展中，应逐步确立"以人为本"的服务思想。图书馆各项工作的最终目的是为读者提供服务，读者对文献信息资源的使用情况和满意程度是评价图书馆业绩的重要指标。在当前网络环境下，图书馆如何站在读者的角度，想读者所想，急读者所急，只有充分利用各种现代手段和资源，及时了解并解决读者提出的各种问题，与读者建立起一种相互信赖、相互支持的关系。

信息技术迅猛发展，Internet席卷全球，证明了信息资源共享、信息服务的网络化已经是不可逆转的潮流。网络环境给图书馆的服务工作带来了前所未有的机遇，同时也带来了挑战。网络环境为图书馆服务提供了得天独厚的良好机会，图书馆应抓住这个机会，对信息资源的收集、加工、整理、服务赋予新的内容和方式。

图书馆的整体组织、人员安排、业务流程都要不断适应网络环境的要求，传统的服务方式可以利用网络环境来发挥新的效益。例如，图书馆的查询、外借预约、馆际互借等服务，可以通过网络功能实现。但是要实现网络环境下对图书馆服务提出的高水平、高质量的要求，必须对图书馆馆员的知识结构提出新的更高的要求。在信息服务的过程中知识技术含量加大，向智能化发展，图书馆从事读者服务工作的专业人员在工作方式、工作价值、工作效率、工作成果等诸方面将发生质的变化。

因此，为了方便读者在馆内的借阅，就要提高图书馆馆员应用计算机网络通信等技术的能力。由于现代信息技术在图书馆的广泛应用，在网络环境下图书馆与信息用户发生了新的变化，随着用户自行上网检索的增多，需要馆员服务的机会也逐渐减少，图书馆馆员必须转变观念，提高认识，由过去那种检索服务转变为检索服务和指导服务并重，这就要求馆员必须对网络环境的检索工具、信息资源、使用方法——包括计算机日常操作、信息检索技术、网络技术、信息存储技术、系统开发与维护等——比一般用户有更多更全面的了解，以保证在计算机网络环境下顺利进行信息处理工作，而且可以利用网络转变图书馆与读者之间原本传统的交流和沟通方式。网络环境下图书馆工作人员必须彻底转变旧的服务理念，重视"人"的因素；以读者为中心，真正树立"读者至上，服务第一"的观念，自觉做好读者服务工作，更好地服务于读者。

图书馆服务经历了从封闭到开放，从仅提供一次文献到提供一、二、三次文献服务，从借阅服务到参考服务，从坐等服务到主动推送服务，从信息服务到知识服务，从完全无偿服务到有偿服务，从按时服务到即时服务，从在馆服务到多馆服务，从在线服务到全球服务的漫长历史过程。

20世纪70年代前后，图书馆工作开始计算机化，但主要应用于内部业务，未能在根本上改变图书馆服务的基本架构。随后兴起的信息化热潮，对图书馆传统的一次文献服务形式形成了强烈的冲击。信息服务是以向人们提供有用的显性信息为内容的信息传播过程，其特点和局限性在于信息内容限于显性信息与显性知识。在信息服务过程中采集、提供的信息，主要是将文献直接提供给用户，如一次文献、二次文献等。计算机网络普遍应用后，文献利用的"场所束缚"，图书馆利用的"时间限制"，文献与利用者的"地理间隔"等问题不复存在。在今后的发展中，图书馆服务的变化主要表现为：服务的便利性、服务的自助利用和馆外利用等。图书馆的核心能力将定位在知识服务，即以信息知识的搜寻、组织、分析、重组的知识能力为基础，根据用户的问题和环境，融入用户解决问题的过程之中，提供能够有效支持知识应用和知识创新的服务。

图书馆服务，就是我们通常所讲的图书馆读者服务。在信息网络环境下，由于现代图书馆服务功能的扩大和服务形式的多样化，图书馆的服务对象在以传统读者为主体的情况下，已不单单局限于读者这个群体，而是已经扩大到其他需要图书馆提供各种类型服务的用户。因此，图书馆读者服务改称图书馆服务更为贴切和符合图书馆工作实际，也有利于我们对图书馆服务做深入的研究。图书馆根据读者的文献信息需求，充分利用图书馆资源直接向读者提供文献和信息的各项工作，形成了图书馆特有的活动内容——读者服务。

现代图书馆服务具有几个共同的结构因素：一是图书馆的服务对象——以读者为主体的社会各种组织和个人组成了图书馆服务的用户。二是图书馆资源，它是图书馆开展服务的基础条件，包括文献信息资源、人力资源、设施资源以及其他一切可以为社会和个人所利用的资源。三是图书馆服务对象的以文献信息为主包括其他各种形式的服务需求。四是为满足社会和用户需求的各种服务手段和方式，它是服务实现的前提条件。因此综合起来讲，图书馆服务就是图书馆为了满足社会和用户的文献信息等多方面需求，利用自身的资源，运用多种方法所开展的一系列服务活动。

（1）在服务中要融入参考咨询。参考咨询是图书馆开展信息服务工作的重要途径。一线馆员不能仅仅停留在借借还还的水平上，而应该将咨询服务工作融入读者服务工作的各个环节，及时为读者答疑解难，最大限度地满足读者对文献信息的需求。

（2）在服务中要做到换位思考。站在读者的角度去思考问题，就会更深切地理解读者的心情,想读者之所想,急读者之所急,就会大大提高我们的服务质量。

（3）在服务中要坚持一视同仁。这里指的是要公平对待每位文献信息利用者。要时刻牢记每一个公民都应该享受到公平公正的待遇，应当区别不同需要为其平等地利用图书馆提供最佳服务。

（4）在服务中要自觉用心服务。这里的用心服务包括热心、耐心、爱心和细心。为读者服务要满腔热情（热心）；服务读者要"百问不烦，百答不厌"（耐心）；接待读者要时时处处为读者着想（爱心）；服务读者要把工作做细做精，让读者在细微之处体会到馆员的真诚服务（细心）。

（5）在服务中要注意交流沟通。馆员可以利用直接为读者服务的机会，了解读者信息需求及对图书馆工作的建议，并在交流中研究其阅读心理和阅读需求，区别不同情况提供不同服务，做好知识中介、信息导航的工作；还可以利用定期举办读者座谈会、设立读者意见簿等方式与读者交流沟通，以便倾听读者意见，提高服务质量。可以利用网络加强图书馆与读者交流沟通的方式。多年来传统图书馆与读者交流沟通的方式一般有以下几种：面对面交流，主要是在书刊借还过程中工作人员与读者的接触和交谈；在图书馆内设立"读者意见箱"获取读者的建议事项；利用问卷调查，流通阅览数据的分类统计分析读者对所需资源的意向。传统图书馆通过多种形式与读者进行交流和沟通，对于研究读者阅读心理，把握读者实际需求，增进读者对图书馆的了解，提高文献资源的利用率，都起到了一定的促进作用。但是，由于受工作方法和工作手段的限制，传统图书馆与读者交流沟通的面比较窄，难以做到深入、及时、互动性、持久性、有效性，因此有待提高。

然而随着知识经济时代的到来和知识的多元化，读者对图书馆的需求呈现多样化的趋势，信息技术的发展和计算机的应用也使图书馆的工作方式和服务模式发生了质的变化。图书馆联机书目信息系统的建立，为现实馆藏的展示和利用开辟了快捷的服务通道；同时，各种各样的电子文献数据库及网上资源逐渐成为读者获取信息的重要途径，越来越多的读者热衷于通过计算机网络获取信息资源，解决在文献资源使用过程中遇到的各种问题。为了使读者更好地了解和利用图书馆的现实馆藏、虚拟馆藏及各种服务，置于网络环境下的图书馆都在利用其主页加强自身宣传和对读者的指导，并开始利用现代网络技术展开与读者的交流和沟通；在分析了当前图书馆存在的问题及读者信息行为的基础上，图书馆利用网络有针对性地构建了新的信息服务机制，按用户的信息需要和信息行为来设计信息服务内容、服务方式、服务推销等，从而改变以往信息服务内容狭窄，服务方式单一、僵硬，服务系统不全面的状况；全面提高服务人员的素质，以提高服务质量和水平，定期对网络服务人员进行培训和再教育，使其掌握先进的现代信息技术，不断更新知识结构，提高服务水平。积极研制和开发方便、易用的信息服务系统，使读者产生亲切感和信赖感，大大满足读者信息行为中的现实需求和信息提问；针对不同的读者开展专项服务，如利用电子邮件进行联系，用于回答读者在使用图书馆过程中遇到的实际问题，促进问题的及时解决；让读者直接参与文献信息资源建设，设立"新书推荐"，提供新书书目信息，请读者直接在网上进行选择等，使不同层次不同专业的读者均能在图书馆得到满意的服务。

图书馆的服务是图书馆发展的基础，是图书馆界生存的根本，只有做好服务工作，才能充分发挥文献资源的价值，实现图书馆的社会功能，才能有图书馆美好的生存和发展前景。所以，图书馆馆员的服务不再是传统的书刊资料的保管员和外借员，而是要面向社会各层次人员，为他们提供全方位、多层次的信息服务。要抛开传统思维定式，从思维方式上快速与知识经济接轨，以适应时代所需。每一位图书馆馆员应立足于丰富多彩的图书馆实践，通过捕捉，发现实践中的问题，对其加以创造性的研究，为发展和完善图书馆增砖添瓦，成为发展和创新图书馆的一支重要力量。

第二节　现代图书馆的服务对象

当代科学技术正以突飞猛进的速度发展，并广泛应用到生产和社会生活的各个方面，使物质生产和精神生活都发生了深刻的变化。现代社会的重要特点之一是信息交流的空前发展。在新技术革命浪潮的冲击下，信息热在人类社会兴起，社会的发展走向了一个新的阶段，人们往往把这新的阶段叫作信息社会，或称信息时代。随着信息时代的到来，人们对信息的重要性将会有一个新的认识，信息、能源和材料已成为当今世界的三大技术支柱。作为搜集、汇编、处理、传播文献信息的图书馆，在新的形势之下，必须适时地实现变革，以适应信息时代的要求，这样，才能切实履行自己的社会职能。

早期的图书馆主要是以定型化的知识向社会传递。在社会经济不发达阶段，社会对图书馆的依赖并不过于强烈，同时这个社会的情报量还未激增到令人们感到难以利用的地步，人们习惯于接收定型化的知识信息，习惯于图书馆提供文献载体的初级服务，这种状况大规模的改变是科学情报的发展所引起的。传统图书馆在这一时期仍然进行着单一化、浅层次的传统服务及与这种服务相联系的其他活动，读者的需求与此相适应，即使有超出此种服务模式的需求，一般也是单纯依靠读者自行解决。这个阶段的图书馆并不在怎样满足读者需求的观念上调节自身的行为，而读者也并不因此苛求图书馆的服务。在信息时代到来的时候，情报的时效性是用户关键点，而用户获取情报仅凭自身的条件，传统图书馆的服务已不能得到满足。这一时期进行情报服务的专业图书馆和情报机构，以编制揭示文献内容的二次文献服务（文摘、索引、题录等）为主，超越了传统图书馆单纯的文献载体服务模式，这种二次文献服务已初具情报服务的内涵。在传统图书馆系统之外，情报系统已越来越明显地占据优势，传统图书馆面临挑战，传统的服务模式导致图书馆生存危机的出现，大批使用图书馆的人为情报机构的高效、优质服务所吸引，新技术设备使情报机构自身素质逐步提高。因此，深化服务的提出是传统图书馆在危机的刺激下对自身的一次反省。图书馆增加现代设备、计算机、缩微、复制技术并不是拯救这种危机的根本，情报机构所赖以生存的情报意识首先应在图书馆馆员的观念上得以体现，为此而进行的深化图书馆服务的观念也应同时诱发出来并得以体现。

科学技术日新月异，知识经济飞速发展，人们需要不断地学习，以应对越来越快的社会变化。图书馆作为培养人们信息素养，提高人们学习能力的重要场所，可利用地缘优势引导人们接受社会教育和终身学习的理念。因而，图书馆必须树立新的服务理念，使其成为学习支持服务体系的一个重要组成部分，才能在激烈的竞争中求得生存和发展。

1. 服务对象的变化

读者是具有阅读能力与阅读行为这两个本质特征的人，因而图书馆的服务对象包含各个年龄、各个阶层、各个类型的社会成员。然而，图书馆旧的管理体系对读者有诸多的限制，有的图书馆甚至有歧视读者的现象。如在"区别服务"理念的支配下，其"分清主次，保证重点，照顾一般"的做法显然有悖于时代发展的要求，有悖于图书馆服务中的平等原则。为此，图书馆应以博爱精神关爱每个读者，尊重每个读者，坚决维护每个读者的合法权益，真正体现"平等服务"的基本精神。现实意义上的图书馆是体现人类自由与平等理想的圣地，应不论读者的国籍、种族、年龄、地位，向所有社会成员开放。如今，图书馆不仅是阅读的场所，而且已成为人们观光、交谈、休闲、娱乐的场所，是具有综合功能的社会文化中心，服务的对象更具有社会化。

2. 服务手段的变革

传统图书馆的服务模式是单一而孤立的，服务的功能是分散脱节的，满足读者需求的过程往往需要跨越几个部门，从而影响了服务的效率和质量，在很大程度上滞缓了信息的加工、传递和交流。21世纪的图书馆不再是信息资源的唯一拥有者和提供者，许多公司企业、电脑中心、社会团体及个人都可以在网上开展丰富多彩的信息服务，图书馆信息服务的垄断地位面临空前的挑战。而且，任何一个图书馆都不可能以自己有限的馆藏去满足读者无限的需求，只有实现资源共享和利用信息网络手段的不断进步,才能最大限度地为读者服务。因而图书馆必须创立自己的特色服务:特色的馆藏、特色的活动、特色的环境等,切实体现图书馆特有的文化品格,实现服务手段的现代化变革,实现信息服务的"广、快、新、准"。

3. 服务内容的变革

馆藏是图书馆赖以生存的基础,是图书馆服务读者的前提和保障。传统意义上的馆藏是指实体馆藏,即以图书、期刊等纸质文献为主及新出现的电子出版物的文献信息。然而随着数字技术、网络技术的发展,图书馆的现实馆藏还包括存在于图书馆之外的,读者能通过计算机网络方便利用的虚拟馆藏,即图书馆从数量众多、类型多样的网络信息中收集、整理、加工,使其成为对读者有用的信息资源的总和。对读者而言,实体馆藏和虚拟馆藏的利用本质是一样的,他们关心的是图书馆提供的内容是否能满足自己的需要。对处于网络环境下的图书馆而言,虚拟馆藏在文献信息保障体系中越来越重要了,它丰富了信息资源基础,拓宽了信息资源的层次和结构,同时,这种服务模式对我们这种经济滞后地区的小型图书馆意义格外重大。这种虚实结合的服务模式,丰富了服务的内容,强化了服务的能力。

20世纪以来,对图书馆服务产生最深刻影响的理念莫过于"以人为本"。所谓"以人为本",就是以满足人的需要,实现人的价值,追求人的发展为价值取向。以人为本的理念落实到图书馆服务中,笔者认为主要包含两方面内容:一是以读者为根本,即奉行"读者至上,服务第一"的原则,使图书馆的一切活动都以满足读者的需要为出发点,最大限度地实现图书馆的自身价值。二是以馆员为根本,从尊重人、关心人、爱护人的原则出发,充分发挥馆员的积极性,为实现图书馆的共同目标而不懈努力。

图书馆应根据形势所需,从以人为本的管理理念来进行服务创新。服务创新主要是指图书馆在服务过程中应用新思想和新技术来改善和变革现有的服务流程和服务产品,提高现有的服务质量和服务效率,扩大服务范围,更新服务内容,增加服务项目,为读者创造新的知识价值,最终形成图书馆的竞争优势。图书馆服务创新包括理念创新、模式创新、内容创新、对象创新、设施创新、方式创新、环境创新、馆员创新等多方面内容。

网络仿佛是一个庞大的图书馆,可随时向用户提供无所不包的信息。用户远在千里之外就可以通过电脑终端进入"虚拟图书馆世界"获取所需的信息。图书馆在资源建设、服务设施、服务手段方面也发生了巨大的变化，为用户从网上或联机服务方面获取越来越多的信息提供了基础。为所有用户服务是图书馆工作中重要的不可分割的部分。它通过提供流通服务、读者咨询服务和参考咨询服务来实现。传统图书馆的服务对象主要是到图书馆借还图书、请求帮助的读者，服务范围主要是本区域。网络环境下的现代图书馆的服务对象从"读者"扩大为"用户"，用户不再受单位、专业或地域的限制，任何人通过网络均可向各地、各类型的图书馆提出请求帮助，因此服务对象从本地区、本部门拓展到国内外的用户。各种联机检索系统的终端用户都成为图书馆的服务对象。

我国现在正在进行的市场经济建设已取得了很大的成绩，国民经济中的各个部门都有了突飞猛进的发展。图书馆作为一种公益性的事业，如果不及时接受市场经济中的经济观念、效益观念，就摆脱不了落后的形象；而一旦接受了这种观念，就和有偿服务联系起来，违背了公益性质。

现代图书馆要想在信息社会中获得发展，得到社会公众的支持，不能满足于仅向社会公众开展一般的基础性服务。那样的话，由于收效慢，很难马上看出图书馆对经济建设的支持。多年来，图书馆在整个社会生活中只是充当一个默默无闻的角色，导致了公众对图书馆的忽视。而如今，在信息网络时代，图书馆应走出幕后，为社会发展提供实实在在、看得到效果的，可以衡量其价值的信息服务。

众所周知，根据当今图书馆的实际特点，图书馆所做的只是根据社会的需求，提供一种广阔意义上的信息平台，无法为各种需要做出详细的社会调查，提供完整的信息资料。现代图书馆所拥有的信息资源，一般都是以公开形式出版的正式的文献，图书馆可以从中提炼出有关的基本信息，再根据此类文献进行再加工，生成二次、三次文献或数据库；还可以对一些用户提出的基本性、方向性问题进行信息检索，并对之归纳、总结，生成最终报告。图书馆根据这种方式，促进了社会经济信息的交流，使用户对自身的需求及发展有一个大致的了解。通过信息支持，为经济发展指明了大致的方向。

现代图书馆的信息资源开发需要考虑市场及用户需求，提供的方式有两种：一种是根据已开发的馆藏资源，提供具体的信息咨询服务；另一种是直接把信息产品推向社会。这种信息服务和产品从根本上来说，还是面向社会大众服务的，不具有赢利性质，但它凝聚了图书馆工作人员大量的辛勤劳动，价值远远高于未经加工提炼的信息。因此，可以从中收取一定的补偿性费用。

科研和教育与现代图书馆之间具有相互促进的作用。一方面，科研和教育是文献产生的两大源泉，也是社会文献信息需求的两大来源，在科学文献的供给和需求方面对图书馆的发展起促进作用。科研和教育的进步，提高了社会人口的文化素质，也为图书馆培养了大量的潜在用户和人力资源。同时，科学研究使现代信息技术得以飞速发展，为图书馆的信息交流提供了更为先进的基础设施，为图书馆业务工作的开展提供了新的设备和手段。另一方面，图书馆为科研和教育提供了情报支持。科研和教育的快速发展，导致了文献激增，增加了信息利用的难度，客观上要求有相应的机构对大量的无序文献做出整理，以利于其传播。图书馆的信息收集、整序、检索功能满足了这一要求，为科研和教育的发展做出了贡献。可是，传统图书馆的信息服务工作只是在后台进行，这种间接的服务方式导致了图书馆很大一部分工作被忽视，图书馆的作用也被其他因素所覆盖。现代科研信息的需求更趋向于个性化、深层次化，不再停留于要求提供相关文献，而是要求提供相关的知识。以往图书馆的服务工作是帮助科研人员检索出一大堆相关文献，具体的信息寻找要由科研人员自己完成，浪费了用户的大量时间。现代图书馆的服务工作是根据用户的需求，直接提供最相关的信息单元，避免了信息冗余，减少了用户的工作强度。信息网络时代的图书馆通过这种深层次的信息资源开发，增强了服务工作的科学性和有效性，提高了本身的地位，完成了从一个单纯的文化机构向具备信息服务和科学研究双重性质机构的转变。

图书馆是社会的精神财富，是属于全体读者的。图书馆的管理人员应面向全社会。他们不仅是传播者，而且是研究者、生产者。图书馆工作者的精神文明、职业道德只有通过读者服务工作才能充分体现。

（1）重视提高图书馆工作人员的素质。

作为一名图书馆工作人员，应把思想素质放在首位。要树立"一切为了读者"的思想，急读者所急，想读者所想，关心、支持、帮助他们。要树立正确的专业思想，有较强的事业心和责任感，明确服务态度，具有为读者服务的满腔热情，从思想上克服"屈才"的错误倾向。在实际工作中坚持"读者至上，服务第一""利用第一，效益第一"的原则。同时具有宽广的胸怀，不和读者斤斤计较，要文明礼貌地为读者服务。要在工作中抓紧一切时间学习，学习新知识，补充新东西，丰富自己的知识和经验，不断提高自己的认识能力、工作能力和文化修养。

（2）改革服务方式，变被动为主动。

图书馆的文献信息传播，最主要的一点是突出了图书馆的主观能动性和社会责任感，它要求彻底改变过去的被动服务、简单传递。它要求图书馆通过各种传播方式把文献信息迅速转化为读者所需的知识和情报。所以在读者服务工作中，工作人员要做到"为人找书"和"为书找人"，不能被动地为读者服务。图书馆的开放服务应从一次文献服务深化到信息情报的组织和传播，真正做到像列宁所说的那样，帮助人民利用我们现有的每一本书。图书馆工作人员不仅要有过硬的业务水平、良好的职业道德，还要了解馆藏、了解读者，只有这样才能掌握读者工作的主动权，才能提高对书刊资料的管理和组织能力，才能充分发挥图书馆的社会教育职能。

（3）重视读者教育。

知识更新的速度不断加快，许多读者希望急切跟上时代的步伐，成为掌握知识和利用知识的强者。因此，必须开展多种形式的宣传、辅导服务工作，要采取不同的形式介绍图书馆的机构设置、馆藏情况，介绍如何利用图书资料及借阅手续和规章制度，向读者介绍工具书和有关检索工具的使用方法，使他们能充分有效地利用馆藏，高效率地利用各种参考工具，查找所需文献资料，使他们成为主动、积极的使用者。图书馆读者服务工作是联系读者与藏书的桥梁。今后，随着高科技的发展，图书馆现代技术的应用必将大大加强图书馆的社会职能，使读者在学习、研究、工作、生活的各方面，都把图书馆当作自己必不可少的良师益友，从而使图书馆的读者服务进入更高、深、便、捷的新境界。

第三节 现代图书馆对读者的信息需求服务

信息化的时代里，信息量是庞大的，绝大多数的信息必须经过信息工作机构的加工处理才能传送给人们。作为文献信息的搜集、整理、存贮、开发利用的信息工作机构的图书馆，信息时代的到来，对图书馆自身和图书馆工作都产生深远的影响，无论是从藏书结构、技术方法、服务手段、人员知识结构、管理手段、建筑等方面均提出了更高的要求。互联网的出现使延续了几千年的传统服务发生了革命性改变，信息化、自动化、网络化逐步替代了单一的、低层次的和被动的服务模式；读者无须亲自到藏书地点甚至足不出户，即可以在任何时间、任何地点全方位、多渠道地获取信息。过去的信息载体是纸介质一统天下，而今随着现代技术的发展而产生的新型载体，如磁介质的电磁波、光介质的光盘、数字化的计算机等，以其传播面广、传播速度快、信息处理迅速、检索方便、存储量大等优势向传统文献提出了挑战。网络的普及，使图书馆对读者的信息需求服务发生了重大变革。

一般来说，图书馆传统服务工作包含外借、阅览、复制、报道、展览、参考咨询等服务内容。这些工作与传统图书馆相对应，基本上处于文献载体信息的服务阶段。这个阶段的服务所具有的情报属性并不明显，读者有情报需求时，一般注重情报的合适度和时效性。在以传统服务为主的图书馆，要使大批有如此需求的用户得以满足，常常显得力不从心。具体到图书馆内部工作与传统服务工作之间的联系来看，内部工作为传统服务工作而存在，传统服务工作所表现出来的缺陷同图书馆内部工作相对应：追求单个图书馆馆藏的丰富，不论规模大小的图书馆，在这种观念上都是相似的；在情报量激增的社会，靠自己有限的力量常常无法达到目的，馆际协作、图书馆网络在"藏书楼"的观念之下不可能实现，因此传统图书馆的超稳态结构必然以排斥读者为代价。同时，传统图书馆揭示馆藏的手段是目录体系（以卡片式目录为主），这种目录体系浅层化地揭示文献信息，一般并未深入文献知识单元，在目录信息与文献知识单元之间产生一个巨大的误差，因此目录信息模糊地反映文献信息。同时目录卡片所显示出的缺陷是：读者由于查阅大量无关的目录卡片而浪费时间和失去耐心。

传统图书馆为解决这些问题而设立的参考咨询部门，已部分地满足了一定数量读者的文献需求。这种咨询工作本质上还处于文献载体服务阶段，即怎样利用检索工具和工具书来获取文献。受图书馆传统模式的限制，即使一个再有经验的咨询馆员也无法实现情报性质的咨询服务。从传统服务工作本身的模式上看，传统服务工作被动性大，单向度传递文献，文献揭示表层化。当图书馆中新技术设备如计算机的应用或者某一类型的几个图书馆实现网络化时，传统服务工作在一定程度上发生质变。这种质变表现为服务内容的深化、情报职能的强化以及对读者需求的最大限度地关注，并引起图书馆内部工作的应变以便与深化服务的工作需要相协调。从单个图书馆来看，由于新技术的采用，图书馆内务工作和服务活动实现自动化，图书馆工作人员数目相对地会减少。计算机的使用，信息技术的发展对图书馆从业人员知识结构变化有明显的影响。新形势下的图书馆需要有不同水平、不同类型、不同层次的工作人员，要有懂不同语言的、不同学科的人员，要求这些人员能掌握新技术、接受新知识，把过去忽视了的或未掌握的知识补充起来，及时地调整自己的知识结构，以适应形势的不断变化。深化服务主要是满足读者对文献知识信息的需求。围绕此类需求，对于文献的揭示深入文献知识单元，使之以活性的情报形式显现。深化服务的背景是现代化图书馆，因为利用现代技术处理文献情报的手段改变了传统图书馆手工处理的性质——虽然传统图书馆可能已经具有或开展过此类服务。

网络环境极大地满足了读者的需求，随着读者和用户对知识需求的逐步升级，对信息资源搜索范围的扩展，网络信息资源已经成为读者获取文献信息的基本来源。读者不仅要了解本学科、相关学科的发展现状和最新的研究水平，还需要研究具体问题的特定文献与信息。这样就形成了读者文献信息需求的多元化和追求获得方式的多样化。图书馆在信息时代，首先面临的是自身的适应性的问题，归纳起来，基本上有两种看法：一种是认为目前的图书馆不能适应信息时代的社会需求，没有能力去完成信息时代中人们对信息贮存、处理、传播的较高水平的要求，因此，必然由新型的信息工作机构来代替，图书馆趋向消亡。另一种是认为图书馆不一定会消亡，但存在着"危机"，如果不进行重大的改革，目前的图书馆将会被前进中的时代洪流所抛弃。图书馆要继续存在，必须加强情报职能。

实际上，很多图书馆现在已初步地开展了一些情报服务活动，如文献检索、情报咨询、定题服务等被列为图书馆的业务项目，我国的不少图书馆及其他类型图书馆还设立了情报服务部，作为职能机构，按读者对文献的需求状况来安排情报服务工作。面对着"情报爆炸"的前景，在浩如烟海的文献中给读者筛选、提供所需的情报资料，及时、准确地传送信息，有效地开展情报服务，已提上图书馆的议事日程。信息时代，图书馆的情报工作将是大量的。

电子计算机的广泛使用，使得图书馆的情报功能更加显著，情报处理和传递更加迅速、准确。情报服务水平代表图书馆的服务水平，图书馆在适应信息社会人们对情报存贮、提供以及情报再生产方面，将发挥显著作用。图书馆的情报职能不仅包括对文献信息的搜集、存贮、加工、传递的职能，同时也包括对情报研究的职能。为了控制现代科学中的情报过程，必须善于预见科学工作人员的情报需求变化的方向与性质，把握住图书馆情报搜集、传播的方向和性质。由于信息社会中人们对文献信息工作水平的要求越来越高，往往不再满足于一般的文献提供，而希望了解某一学科领域的发展水平或对某一科学技术的未来发展趋势进行分析、综合、加工、预测，情报研究成为图书馆工作各个环节中重要的一环。

现代图书馆是一个为社会大众提供文献信息服务的公益性机构，同时也是一个服务机构,为广大人民群众提供基础服务。

现代图书馆必须充分重视与读者之间的关系,切切实实做好读者服务工作,重视确定自己的读者观,明确将每一位社会公众作为自己的服务对象,为公众提供最基本的信息服务和信息产品。现代图书馆要想获得发展,就必须从根本上树立读者第一的观念,重视为读者开展信息服务,重视与读者之间的关系。只有这样,才能争取到广大读者的支持,图书馆的发展才有保障。

信息网络时代,社会充满了变化,读者的信息要求也不同以往,所以图书馆要重视对读者信息需求的调查工作,把握住读者信息需求的变化,从信息需求的特点、内容、方式等不同的角度入手,形成全面的认识。读者是图书馆的上帝,图书馆的各项工作都要围绕读者进行。长期以来,虽然我们认识到读者地位的重要性,但图书馆的工作依然是从自己的角度出发,按照传统的观点,对文献信息进行分类,提供认为是合理的检索入口,其结果是读者往往不熟悉文献分类和检索语言,找不到自己需要的东西。信息服务的出发点是读者,图书馆想将服务工作做好,必须充分了解读者的信息需求。

在网络环境下知识信息的需求特点是:知识信息需求的全方位与综合化,知识信息需求的开放化与社会化,知识信息需求的电子化与网络化,知识信息需求的集成化与高效化。社会的需求促使信息机构的总体发展趋势是向信息增值型、信息产业化、信息服务化、信息精密化发展。现代图书馆拥有掌握和利用电子技术的专业人员,具有获取信息和利用信息的能力,他们对图书馆的服务起着决定性的作用。现代图书馆的服务形象已从"热情>周到的服务员"转变到迅速、方便的"信息导航员"。

(1)开展社会调查是读者信息服务需求的最主要方法。社会调查可以使图书馆了解各种有关读者的信息,并从千变万化的各种表面信息中分辨出相对真实、相对稳定的客观事实和要素。通过对读者思想动机的了解和研究,探索隐藏和揭示读者现象的本质和发展规律,开展读者信息需求的调查可通过普遍调查、典型调查和抽样调查几种方式。对图书馆来说,可通过实施访问调查和问卷调查这两种实用的方法来向读者了解和咨询情况。

开展读者信息需求的调查要明确调查的目的。在开展一项服务之前,对读者的情况做基本的了解,以明确服务开展的方式方法,找出服务中存在的问题,从中总结出经验。比如图书馆应对每个读者都有大致的了解,通过了解读者的基本情况,可以方便、直观地调查读者的信息需求。现代图书馆由于采用新的信息技术，为这些工作的开展提供了可能性。根据这些读者的需求，开展相应的信息服务，这样图书馆的功能和作用就可以得到更好的发挥。

（2）明确读者信息需求的特点是服务的要求。现代社会中，读者对图书馆服务的要求越来越高，人们希望得到的是最符合自己需求的信息，并以自己最喜爱的方式接受。在信息网络时代，图书馆要考虑读者的个性化需求，并通过采用现代信息技术来实现读者在大量的相关文献中查找自己所需的信息。由于现代通信技术、网络技术的发展，人们的信息需求越来越趋向于快捷化，人们对之的需求趋向于迫切化，图书馆的信息服务工作如果不及时传递，那么它的价值就有可能大打折扣，将无法满足读者的信息需求，读者要求图书馆能够提供即时化的快捷信息服务、个性化的使用方式，特别是读者对信息的特指性加强，要求图书馆深化信息开发工作，从文献中提炼出信息或知识单元供给读者。

（3）图书馆对读者信息服务的需求提供的手段、类型和方法。传统图书馆主要采取外借、阅览、信息咨询、定题服务、书目服务、编译、复印等方式。在信息网络环境下，现代图书馆要根据读者的信息需求特点，突破传统的服务模式，开展新的服务项目。如外借阅览，现代图书馆的外借和阅览与传统不同，在文献新颖程度上，要求提高上架的速度，采编合一。有关图书的各种到馆、查重、分类、编目信息可以通过馆中的管理信息系统快速传递，保证文献信息的新颖程度。在文献范围上，外借、阅览要为读者开放全部馆藏，实行全开架管理。传统的信息咨询是图书馆工作人员利用专门知识，通过使用工具书来解答读者的提问，同时辅导读者检索文献，利用信息的一种活动。通过这种活动，现代图书馆可以提高文献信息的利用率，帮助读者寻找所需的信息。在信息网络时代，信息咨询工作的信息来源更为广泛，不受时空的限制，检索功能更加强大，由于采用了先进的计算机技术、网络技术、通信技术，凭借互联网，可以直接回答来自任何地区、地域的咨询要求。

新技术在图书馆工作中的应用，为服务水平和效率的提高提供了技术上的可能性。新出现的信息处理能力对所服务的学科中新的富有成效的研究方向具有启发和催化作用，因而导致劳动方式的巨大变革。由于信息量的猛增，知识信息交流的节奏大大加快，图书馆的读者成分及其知识结构产生变化，读者对文献的需求产生变化，对信息的可靠性以及获取信息的速度、方法的要求也和以往不同，他们对知识的需求将会更加迫切、更加广泛。计算机技术、复制技术、缩微技术、光盘技术及通信等技术的应用，大大加快了文献信息传递速度，也大大提高了文献信息获取的准确性和可靠性。在服务内容方面，不仅有借、阅、参考工作，还有文献信息研究工作、情报跟踪服务、文摘、预测、定题服务、计算机检索服务等，以满足各种不同成分、不同知识结构的读者的多样化要求。新技术用于服务工作后，有的读者甚至可以在自己的家里，通过图书馆的计算机文献信息网络终端获得所需信息。电子计算机应用于图书馆，增长了它的服务功能，把图书馆服务推向新的阶段。

第四节　深入调查研究拓宽服务渠道

图书馆是一种社会文化事业，必然会受到社会发展的影响。传统图书馆作为一个几乎完全收藏纸型图书的世界，不可避免地经受着现代技术带来的多种变革。传统图书馆是由收藏纸型图书发展而来的，它的文献载体基本上都是清一色的纸型书本。传统图书馆强调的是"藏"，注重的是藏书体系的承袭及图书馆本身存在的形式，以"管书"为本，视图书馆为最大的文献贮存基地。多年来传统图书馆一直是坐等读者上门，以阵地服务为主，主动服务很少，其知识传播功能以书刊借阅为基本内容，无偿服务是传统图书馆的服务定位。信息网络时代的现代图书馆从内容到形式都与以前大不相同。

现代图书馆不仅收藏、流通纸型文献，许多非纸质文献的出版，使大量不同载体的文献收藏品种越来越多地进入图书馆。光盘、录音带、缩微胶卷、激光视盘、机读书目数据等电子出版物的入藏，使得载体内容丰富、实用、生动、形象，这成为现代化图书馆的基础建设和必备条件。而文献存储呈数字化的发展，使更多的文献信息以电子形式存取，大大拓展了图书馆的内涵和外延。全开架借阅、自动化检索与联机服务，一切为了读者，这一系列从观念到服务方式上的转换是图书馆由传统到现代的真正实质。在传统的场地服务之外，计算机所提供的多途径检索，大大方便了读者。网络的建设，极大地改变了文献信息传递、获取的速度和方式，读者不到图书馆，通过联网也可访问图书馆的信息资源。图书馆通过多方面调查研究寻找拓宽现代图书馆服务的渠道，是急需解决的问题。

信息网络时代，现代图书馆以计算机来管理，图书文献从采购到加工、流通、检索、借阅的整个过程和内部管理全由计算机处理，因此更趋于科学和合理。

现代图书馆要及时、准确深入地调查研究，了解用户的需求，通过各种方式拓展服务渠道，满足用户，体现图书馆的价值。信息服务业的发达程度是社会信息化程度的重要标志，也是衡量社会文明和进步的重要标志。图书馆是重要的信息服务机构。随着信息社会和信息市场的发展，图书馆应该利用自身条件，为社会提供信息服务，促进经济发展，充分发挥作用，增强活力，为图书馆的发展探索一条新路子。这是图书馆界时下比较注重的一个问题。

进入20世纪以后，工业生产、商业活动和科学研究等的规模不断扩大，而科学文献的数量又与日俱增，特别是传播最新情报信息的报刊数量大大增加。一般图书馆原有的加工手段和服务方式已难以满足生产、经营和科研活动对情报信息快速、及时的需求。这就使得生产和科研等单位不得不采用最先进的技术设备，配备具有一定专业学科知识的人员来加强情报资料工作，从而为生产、经营活动提供情报保障，以赢得自由竞争的领先地位。传统图书馆服务是以文献为中心，文献的流通作为衡量服务质量的标准，所有的机制环绕文献而运转。然而，在社会主义市场经济条件下，图书馆发展信息服务是要以用户需求为中心。

改革开放以来，软科学研究的发展及其社会化、市场化步伐，带动了我国信息服务业的蓬勃兴起。"据不完全统计，目前全国已成立了四万余家咨询机构，专职从业人员八万余人，年经营额40多亿元。"信息服务业的兴起正是人们信息需求变化的产物，充分利用知识和信息资源，大幅度提高产品的知识含量和高附加值，是信息社会经济活动的特征。信息产业是这种特征的集中体现。

图书馆处于信息社会和信息市场不断发展的时代，必须清楚地认识到图书馆在信息服务业中的地位和作用；必须加强和充实情报部门的力量，强化这一部门为市场经济服务的职能，不断扩大图书馆工作内涵，加大智力投资；必须顺应时代潮流，努力生产适应人们信息需求的高附加值的信息产品，努力创造有利于社会信息产业发展的良好环境。之所以这样说，是因为图书馆拥有大量的文献资料，是其他信息服务机构所不能比拟的，完全有条件进行情报信息深加工，将知识信息产品投放于信息市场，与经济市场需求相接轨。

时代在前进，社会在发展，作为现代化社会三大支柱之一的"信息"，已成为当今社会各领域首要研究、掌握、使用的对象。信息是速度，信息是效益，这就使我们提高了对图书馆工作服务方式的认识，除努力提高服务质量，搞好服务工作外，还必须将重点转移到开发信息资源，加强信息服务工作上来。变封闭为开放，变静态为动态，将信息服务扩大到社会各个领域，为社会发展服务。信息网络时代，图书馆为了满足用户的需求，要从以下几个方面拓宽服务的渠道。

（1）图书馆业务实现网络化。网络化是指在标准化资源共享基础上，图书馆的业务如文献采购、标引、编目，由网络系统来协调完成，达到资源的合理配置。在书目数据共享的基础上实现资源共享。同时图书馆作为社会信息网络上的一个信息枢纽，可以面向社会传播文献及其他信息。

（2）图书馆将以信息收集整理和传播角色成为社会信息系统的重要组成部分。在信息网络时代，由于社会文化发展速度不断加快，文献信息的增长也十分惊人，这就需要图书馆去收集整理，使之有序化，成为可供用户检索、计算机可以处理与传播的信息。最佳的办法就是将印刷型期刊和图书电子化，对文献信息进行多媒体化数字处理。而事实上图书馆在进行建设文献数据库方面具有得天独厚的条件，这种服务渠道是图书馆在信息社会中的战略选择。

（3）图书情报一体化。由于图书馆和情报工作一样着重对信息资源进行收集、整理和传播，图书情报一体化是不可避免的。图书情报一体化的根本目的是促进图书馆工作和情报工作的开展，也就是把原来的图书馆工作和情报工作各自的特点发挥出来，取长补短。图书馆工作的长处最主要的是有一个科学而严格的文献资料管理体系，对文献资料的管理井然有序。而情报工作的特点是对新事物的反应敏捷，能更紧密地结合当今社会的发展，善于在社会发展过程中发现新的信息。可以看出，图书情报一体化对促进工作的潜力非常大，有利于图书馆更好地利用自身的资源为用户服务，使图书馆的服务对象最方便、最快地获得所需的文献信息。

（4）在网络环境下，社会上任何人都有利用计算机和终端进行信息存取和检索利用的机会。用户利用图书馆等信息机构获得信息的依赖性相对减弱，因此，图书馆必须通过不断开拓网络环境下新的信息服务渠道，深入调查研究，实现图书馆业务工作的发展。随着计算机技术和信息网的发展，图书馆网络已成为越来越庞大、复杂的协作系统，网络能提供大量信息，但目前我国信息用户真正能很好地利用网络查找有用信息的还不多，这就要求图书馆对信息用户进行培训。在培训时，除了介绍网络的基本知识和如何利用各种检索工具外，还应介绍网上有哪些信息、网上信息的鉴别收集与阅读方法、个人资源的建立、信息分析、研究方法、科技写作及网上信息交流等内容，以增强用户的观察能力、分析能力、综合思维能力以及对信息获取和交流的能力。

长期以来，图书馆都是以收藏和保存为宗旨，立足于收、借这一传统封闭式的格局，因而造成各级图书馆文献资源贫乏、分布不合理、利用率低等弊端。

况且文献资源具有十分紧迫的时效性，经过一段时间，它的内在价值会随着时间的延长而相对减弱，其价值与时间成反比，如不抓紧充分运用，将是十分可惜和浪费的。目前尽管我国文献资源很穷乏，但其利用率也是比较低的，最高的不超过30%，有的甚至低于5%，因此这就要求各级领导认真对待，将文献信息资源的开发利用纳入十分重要的工作日程，充分利用和开发文献信息资源，增加社会效益。

拓宽开发利用文献资源的途径，图书馆文献资源是为社会利用的，文献资源的开发、利用应该与其社会职能相协调。一是领导重视，建立相应的开发利用机构。即图书馆根据自身情况，量力而行，建立起以图书馆为依托，以开发文献信息资源为中心任务的专门机构，作为图书馆的一个专业职能机构，如首都图书馆建立的"开发技术信息服务公司"、金陵图书馆办的"南京时代信息资料公司"、四川图书馆开设的"四川智力资源开发公司"等这些机构的经验做法，很值得参考和借鉴。二是建立文献信息资源开发利用服务网，进一步加强横向联系，打破传统框框，改封闭性为开放性，进一步提高藏书利用率。淄博市图书馆近几年积极为科研项目服务，与北京图书馆、山东省图书馆、四川省情报所积极开展馆际协调，先后对市化工研究所、市粮食研究所、市机电加工机床厂、市交通技校、市新材料研究所等单位进行了信息资源跟踪服务，形成了利用服务网，取得了较好的社会效益。三是编制馆藏目录、联合目录。馆藏目录可使读者全面系统了解馆藏；联合目录可使馆际互借，资源共享。四是提高文献信息服务能力，表现为：①培训各种文献资源开发专业人员，提高文献资源的开发利用能力。②加强现代化技术的利用，进一步提高文献信息资源的利用率。③加强信息咨询的服务工作。

注重文献信息资源的开发应用性，马克思说："理论在一个国家的实现程度，决定于理论满足这个国家需要的程度。"在文献信息资源开发工作中，要注重实效，不要搞花架子。一是要认真调查分析，吃透情况，量力而行。文献信息开发工作要受经费、设备、人员素质等因素影响，这些客观因素基本决定了文献信息资源的开发程度，只有从实际出发，才能不断充实和完善文献信息资源的开发利用。二是注重应用，选准目标，讲求实效。在文献信息开发工作中，要结合社会经济的发展和读者的需求重点开发。三是注重总结经验，进一步完善提高，使文献资源的开发利用工作健康发展。

正确处理"有偿""无偿"服务及社会效益与经济效益之间的关系。图书馆开发文献信息资源提供给社会，那么要不要搞有偿服务呢？回答是肯定的。但是图书馆搞有偿服务不能损害服务项目和读者利益，要分清有偿服务和无偿服务的界限，如书目咨询服务、阅读辅导活动等服务项目都应是无偿的，而科研专题服务、文献复制、计算机检索服务项目应该是有偿的，这些界限决不能混淆。至于图书馆社会效益与经济效益之间的关系，是图书馆工作成果表现的两个方面，是相互转化相互促进的，决不能片面追求某种效益而忽视另一种效益，使文献信息开发工作走向极端。我国国民经济实力在进一步增强，人民的物质和文化生活需求都有了很大的提高，对情报信息的需求也随之增长。市场经济的逐步形成和日益发展，促使各行各业为了在激烈的市场竞争中取得生存和发展，必须及时掌握政治、经济、文化和社会科技等方面的信息，形成了巨大的信息需求。目前社会上已有万余家信息咨询机构，图书馆不再是社会上唯一的信息中心，这对图书馆来说是一种挑战与威胁。图书馆要求生存与发展，唯一的出路是积极参与市场经济和市场竞争。

谈到图书馆参与市场经济和市场竞争，首先触及的问题是"无偿服务"。图书馆属于社会文化科学服务机构，具有非营利的事业性质，经费由国家政府提供，也有社会团体、企业、个人的资助，它向社会各行业提供信息服务，因而，社会上强调图书馆"无偿服务"。图书馆进行"有偿服务"——信息经营，往往被视为"向钱看、做生意、不务正业"等。实际上这种观点是不正确的，因为图书馆也是文献信息机构，也具有产业性质，与其他信息服务机构一起走向市场，参与社会经济活动。图书馆事业的发展，仅靠国家政府所给的有限资金是难以实现的。图书馆必须勇敢地面向市场，主动地介入社会、介入企业，把科技成果源源不断地输送到生产单位，把世界先进科学技术和先进的管理方法介绍给企业。帮助企业开发新产品，提高技术和管理水平，那将会促进科技与生产紧密结合，对经济发展起很大作用。图书馆应兼顾社会效益和经济效益，将无偿服务和有偿服务科学地结合起来，争取创造良好的工作条件，开辟新路子、探索新途径，使图书馆事业的生存和发展积极参与到市场竞争的大潮中来。

文献信息产品开发工作的好坏是衡量一个国家科学技术水平和经济发展水平的一个重要标志，是制约社会主义现代化建设的条件之一。开发文献信息资源，可以有效地利用人类文明成果，及时了解和掌握人类科技进步的最新成果，使我国的科学研究和经济建设在较高的起点上进行，赶上或超过世界先进水平。只有每一个文献信息机构大力开发文献信息产品，为国民经济发展及时提供高附加值的信息产品，才有利于加快社会主义现代化建设的步伐。文献信息产品质量是提高文献信息机构竞争能力的重要保证。在现代情报商品化日益加速的情况下，信息市场竞争日益激烈，文献信息机构只有不断提高文献信息产品质量，增加文献信息产品品种，才能打开市场销路，受到广大用户的欢迎。否则，会被竞争对手挤出信息市场，失去用户，遭到失败或淘汰的命运。文献信息产品质量同时也是提高文献信息机构经济效益和社会效益的又一重要保证。虚假信息不仅能把接受者引向错误方向，而且还会给他们心理上带来负效应，动摇人们对信息的信任。虚假信息危害之大，尤其是广告类，给人民、社会造成很大的损害。目前人们对信息需求的不满足并不是信息量的不足，而是信息产品质量上的问题，以及信息传递不及时，信息产品处理加工不深入，信息资源建设难以形成规模经济等因素。人们往往重视对信息的生产，而忽视信息服务、信息技术的投资。信息工作很注重"广、精、准、新"。没有广泛的信息源，就筛选不出高效、优质、实用的信息；没有快捷的传播手段，就跟不上用户的需要；没有精密的信息产品，在竞争激烈的信息市场是难以打开销路的；没有准确的信息源，信息产品质量就难以保证；没有新的信息源，就无法加强超时性信息的收集与传播。

实践证明，开展信息服务的有效方式是建立信息服务网络，这样才能使信息的生产和流通得到正常运转。目前，各图书馆文献数量与质量很难适应市场经济的要求，加之传播手段的落后，往往成为信息工作的阻力。所以，图书馆应以省级图书馆、市级图书馆为基础组建服务网络，来解决信息源问题，进行共同联合编制，发行不同级别、不同种类的文献联合目录，分工合作，有效开发。同时，还可以组织社会力量，全方位联合开发文献信息，或与科研单位、企业建立联合体，图书馆工作人员与企业的情报工作人员结合，根据不同的企业、不同的信息需求，签订信息服务合同，对口、对厂定向、定期、定报酬提供信息，从而增强图书馆活力，提高图书馆经济效益与社会效益，促进图书馆事业发展。

第四章 现代数字图书馆的发展

第一节 数字图书馆的出现和演变

一、数字图书馆的产生背景

图书馆的发展和演变离不开内部环境的驱动力和社会环境的推动力。内部环境主要是指社会对图书馆的需求所产生的驱动力，促使其改变传统图书馆的服务环境，实现图书馆的数字化和自动化；社会环境的变化主要包括社会经济结构、信息技术结构、文化结构的变动，进而推动图书馆的发展和演化。数字图书馆的产生与发展主要源于两种力量的推动：一是图书馆自身在现代技术条件下资源共享的内在要求；二是互联网的发展对数字信息进行有序化、结构化组织的要求。

（一）数字图书馆产生的内在因素

数字图书馆产生的内在因素之一是印刷型文献的保存问题。传统印刷型文献存在着变质和自然老化等特点，加上各种自然灾害和人为损坏，印刷型文献面临危机和损失，必须利用现代技术将图书馆保存的书刊资料进行数字化，数字图书馆产生的内在因素之二是文献信息的利用问题。图书馆存在的目的是为用户服务，但长期以来，信息服务的层次较低、手段落后，图书馆必须实现数字化才能使信息传递更快捷、更方便，服务内容更具时效性和针对性，以满足社会化需求。

（二）数字图书馆产生的外在因素

1. 文献信息资源的剧增

20世纪90年代以来，出版物的数量在不断增长，各种数据库的数量也在迅速增加，容量不断扩大，种类也趋于多样化。光盘出版物作为单独发行的电子信息资源的主流，内容丰富，种类繁多，具有多媒体功能。但这些信息利用效率不高，重复严重，因此有必要利用现代信息技术进行管理。

2. 信息高速公路的建设和互联网的发展

20 世纪 70 年代，图书馆逐步利用计算机进行日常管理；20 世纪 80 年代末，图书馆自动化系统逐步得到应用，这大大提高了图书馆的工作效率，但由于受地域的影响，其资源的利用范围很小，在资源共享、远程检索等方面还存在着许多问题。随着网络通信技术的不断发展，数字图书馆应运而生。高速的数字通信网络是数字图书馆存在的基础，只有网络进一步发展，才能发挥数字图书馆的作用。分布式管理是数字图书馆发展的高级阶段，它意味着通过互联网可以把全球的数字化资源联为一体。

3. 数字化技术的发展

图书馆数字化技术的直接动因主要有两个：一是信息载体的数字化；二是信息传播的网络化。数字技术是实现数字图书馆的支撑技术，信息要在网络上传输，必须先把各种形式的信息数字化，并加以编辑、加工、组织、存储，再运用数字传输技术加以传递，并在需要时将这些数字化信息再还原。数字化技术包括：

（1）信息存储技术

近年来，随着存储技术的发展，在扩大硬件容量的同时，充分发挥软件的潜力，存储的能力越来越强。

（2）数据库技术

数字图书馆的庞大数字化信息经过规范化处理后，需要以数据库的形式存储起来，目前需要采用数据压缩技术、多媒体同步技术、多媒体智能技术等来解决数据库技术问题，数据库技术日趋成熟。

（3）信息传输与通信技术

数字图书馆要通过网络通信技术把各地的海量信息聚集起来提供给用户使用；同时还必须加强信息资源的管理和引导服务，对大量的网上资源进行有效的组织，以增加信息服务的选择性和针对性。近年来，网络设施的发展越来越普及，为数字图书馆的发展提供了有利的环境。

（三）数字图书馆发展的社会背景

1. 数字图书馆是社会信息化发展的必然产物

在现代社会中，信息资源成为战略资源，信息产业发展迅速，为图书馆发展提供了良好的机遇。数字图书馆实际上就是伴随着网络的迅速发展而产生的，它体现了数字化社会对信息共享和信息开放的根本要求,是社会信息化发展的必然产物;数字图书馆建设使人类社会信息资源的共享达到一定高度,为文化传播打开了一扇新的大门。如同工业经济离不开交通和能源一样,数字图书馆也是高科技经济的基础设施和必要条件,数字图书馆所收藏的各类信息对于知识经济的整个过程都是必不可少的。数字图书馆凭借高新技术可以快速地传播文化知识,从而不断推动全民族文化素质的提高,促进社会的进步和发展。

2. 数字图书馆是评价一个国家信息基础水平的重要标志

自从1993年美国国会图书馆与互联网连接,宣布它将迈向数字化时代以来,世界各国开始把图书馆列为信息高速公路的重要组成部分,纷纷加强对数字图书馆的研究。1993年美国提出"国家信息基础结构"(NII)行动计划,继而又提出建设"全球信息基础设施"的主张,将信息高速公路建设置于美国技术政策和产业政策的核心位置,在世界范围内引起了强烈反响。一方面,互联网的信息资源作为NII的五大要素之一,与具有大量信息资源的数字图书馆关系密切,而且数字图书馆是NII的重要应用信息系统,为信息高速公路建设所需技术奠定了数字图书馆建设的技术基础。另一方面,建设数字图书馆的目的之一是使用户能够通过网络联机存取图书馆的信息资源,互联网的推广和普及为数字图书馆提供了现实的网络环境。

3. 数字图书馆是新时代全球文化竞争的焦点之一

在网络时代,谁最先掌握了技术和资源库,谁就掌握了先机。数字信息资源的网上交流具有先天的优势,它拥有一个非常庞大的潜在受众群体,这种竞争既是科学技术的竞争,也是文化和意识形态的竞争,更是知识经济时代的市场竞争。因此,大力加强数字图书馆建设,其意义和影响将是深远的,它是参与国际竞争的坚实文化保障系统,而且为国家创新体系的建立提供了充足的信息流通环境;中国数字图书馆在激烈的网络文化竞争中,为弘扬中华民族优秀文化,抢占互联网上中文信息资源的制高点,将中国文化推向世界发挥着积极的推动作用。数字图书馆建设工程对于力争在未来的全球性竞争中取得主动权具有重要的社会和经济意义。

4. 数字图书馆建设有利于带动相关行业的发展

数字图书馆工程不仅是高科技项目,也是跨部门、跨行业的大文化工程。在1995年美国政府蓝皮书中,数字图书馆被认为是"国家级挑战",被置于国家信息基础设施的高度上通盘考虑。这种政策上的倾斜引起了美国科学界、产业界的高度重视，也带动了许多行业在资金上的投入。数字图书馆工程的启动必将带动相关产业，特别是信息产业和文化产业的蓬勃发展，并通过知识的有效传播，最终关联到各行各业，从而产生巨大的经济效益和社会效益。

二、数字图书馆的产生和演变过程

数字图书馆就是对有价值的文本、图像、语音、影像、软件和科学数据等多媒体信息进行收集，组织规范性的加工，进行高质量保存和管理，实施知识增值，并提供在广域网上高速横向跨库连接的电子存取服务。它的特点是收藏数字化、操作电脑化、传递网络化、资源共享化和结构连接化。数字图书馆的形成过程主要包括以下几方面：第一，文献资源数字化。数字图书馆的资源都是数字化的信息，将现有的文献资源数字化是建设数字图书馆必不可少的一步。第二，数字资源的集成。这是指利用信息组织和集成手段来对数字化后的各种资源进行整合。第三，数字资源的共享。数字资源的互联和共享主要是指通过互联网使各个图书馆之间实现了资源共享，也使读者能通过互联网来访问各种数字资源。数字图书馆的发展大致经历了如下阶段：

（一）早期的数字化技术和概念探索阶段

数字图片馆的构想最早可以追溯到1945年，其中较早而影响最大的是美国著名的科学技术管理学家布什。1945年1月，布什在《大西洋月刊》上发表《诚如我们想象的那样》一文。文中，他首次提出将传统图书馆馆藏文献的储存、查找机制与当时刚刚问世的计算机结合起来，构思并描述了所设想的一种Memex（扩展存储）装备，它是一个机械化的个人文档与图书馆，即台式个人文献工作系统，能存储他所有的书、记录及通信。Memex装置运用计算和缩微技术实现文件的相关链接，其实它是一个个人信息检索系统，被公认为计算机辅助检索的先驱。这一构想的提出被视作包括今天的数字图书馆在内的图书情报学理论与实践的发端，Memex被看作情报系统的超文本技术的前身。布什观点的重要之处不在于他所称的"机械和装置"，而是他的两个构想：首先必须有能及时得到所需信息的设备；其次是读者自己就能检索这组信息，可见，Memex对个人用户的信息存取来说是一种理想的模型。文本储存和检索技术是数字图书馆得以实现的两大技术，而现代意义的储存检索系统是在计算机技术不断发展的前提下才得以实现的。从1965年到1973年，美国麻省理工学院进行了计算机辅助标引实验，建立了 Intrex 数据库，将文章储存在缩微胶片上，利用联机储存目录和索引进行检索。1969 年，美国桑迪亚国家实验室开发出有关科技文献的全文储存和检索系统。储存电子图文的技术引起图书馆界及其他方面的注意，预示一个新的信息储存方式的到来。1969 年，美国国会图书馆正式发行机读目录，这是图书馆进入自动化的标志。1975 年，美国图书馆学家克里斯汀出版了《电子图书馆：书目数据库：1975—1976》一书，首次提到了"Electronic Library"这个名词。到了 20 世纪 70 年代中期，美国出现了许多用于图书馆储存、标引、检索的软件，其中较为有名的是 IBM 的 STAIRS 储存检索系统。1978 年，美国著名图书馆学家兰卡斯特出版了《通向无纸社会的情报系统》和《电子时代的图书馆与图书馆馆员》两部著作，论述了电子图书馆的前景。1982 年，美国国会图书馆开始研究用光盘储存馆藏，这是文献数字化的前奏。美国人道林首次对"电子图书馆"这一概念给出明确定义，他在 1984 年出版的《电子图书馆：前景与进程》一书中写道："所谓电子图书馆是一个提供存取信息的最大可能性并使用电子技术增加和管理信息资源的机构。"1988 年，美国国家科学基金会的伍尔夫撰写的国际合作白皮书提出"数字化图书馆"的概念。1989 年，吉比与伊文斯在《网络就是图书馆》一文中指出："理想的电子图书馆并非一个存储一切信息的单个实体。它通过网络提供系列化的收藏和服务。"1992 年，大英图书馆外借部计算机与数据通信工作组负责人哈利把虚拟图书馆定义为"利用电子网络远程获取信息与知识的一种方式"。由此可见，20 世纪 80 年代末 90 年代初，计算机、通信技术的发展为更大规模信息系统的开发提供了广阔的空间，许多研究者从多方位多角度进行了研究，对数字图书馆的设想更加具体化，"电子图书馆""虚拟图书馆""无墙图书馆"等概念纷纷被提了出来。电子图书馆是数字图书馆的早期提法，它反映了所应用技术的特点；虚拟图书馆则强调了网上数字化资源，而未突显图书馆的数字化特点；无墙图书馆突出了利用范围和效果。

（二）图书馆自动化管理系统的研究

早在 20 世纪 80 年代末，美国一些大学和知名公司开始研制开发大型的图书馆自动化管理系统。凯斯西储大学和 IBM 电脑公司合作开发出图书馆管理系统，用电子图文和多媒体技术处理说明性研究资料，并开发出四种应用模型，其中一个系统还可以把乐谱数字化储存。1988 年年底，美国国家科学基金会发起了"水星计划"，该计划的主要目标是利用现代技术建立一个规模较大的电子图书馆演示模型，内容还包括各种文献载体数字化和信息服务研究、版权、电子图书馆投资等问题。1989年，卡内基·梅隆大学开始进行电子图书馆研究，作为图书馆自动化的一部分，其项目目标是建立一个电子传输全文系统。同时，康奈尔大学、化学文摘社、联机计算机图书馆中心（OCLC）等机构也着手建立"化学联机检索实验"（CORE）。CORE数据库使用电子图像和嵌入标准通用标识语言（SGML）的ASCII文本储存字符文件、图像、化学结构、公式和插图。1991年，伊利诺斯技术学院的国际关系图书馆开始进行电子文献储存项目，用来储存国际关系和商业活动方面的资料，后来该图书馆成为联合国和欧共体出版物的指定储存单位。1993年，哥伦比亚大学开始了"两面神（Janus）计划"，提供联机检索法律文献，文献以字符形式储存，以便进行全文检索。同年，AT&T贝尔实验室、加州大学旧金山分校合作研究电子期刊传播系统，使得加州大学的师生能检索、显示和打印电子期刊的文章的全文图像。

（三）数字图书馆研究计划的启动

美国于1993年通过了电子图书馆法案，其目的是利用公共图书馆、电子数据库以及像互联网和其他对公众开放的网络一样的远程通信系统，并且提供由稳固可靠的电脑程序所支持的搜索和检索服务，包括智能查询工具、搜索策略规划辅助、引导用户并利用电子图书馆资源提供教育和培训课程的机制。1994年，美国国家科学基金会联合其他单位正式实施"数字图书馆创始"计划，这个计划的主要目标是使收集、存储和组织数字化信息的技术手段得到较大提高，并使数字化信息通过网络被查询、检索和处理，且有一个统一的用户友好界面。其后还有"美国记忆"——美国国家数字图书馆规划以及在此规划基础上美国国会图书馆斥巨资进行的图书资料数字化。英国、日本、新加坡以及欧洲的一批大学也纷纷开始了联合开发数字图书馆的项目。

（四）数字图书馆的建设与利用

21世纪以来，世界各国的数字图书馆建设有了较大的发展，许多已经投入使用：在这一时期研究的重点也不再单纯地局限于技术，而是把研究范围扩展到更宽广的领域，如研究数字图书馆的经济、社会、法律、政策框架，制定信息共享格式与国际标准，数字图书馆网站的可靠性和稳定性，经济因素和商品化等。

第二节 我国数字图书馆的发展概况

我国数字图书馆的研究始于20世纪90年代中期，国家科技部在"863"项目组专门设立了"中国数字图书馆发展战略研究软课题"以及其他有关数字图书馆的科研项目。"中国国家实验型数字式图书馆计划"标志着我国数字图书馆建设的开始。国家图书馆、上海图书馆、辽宁图书馆、清华大学图书馆、北京大学图书馆、上海交通大学图书馆等先后进行了有关项目研究，为数字图书馆建设的全面实施奠定了良好的基础。近年来，随着信息基础设施的不断完善，我国的数字图书馆建设有了较大的发展。

一、我国数字图书馆的研究与发展现状

在数字化浪潮中，我国各级政府紧跟世界科学技术的发展步伐，积极建设各类型数字图书馆项目，其中既有国家级项目，也有地方省市级项目，还有单个数字图书馆项目。

（一）中国数字图书馆工程

中国数字图书馆工程是跨地区、跨部门、跨行业的宏大系统工程，该工程的总体目标是在宽带网上形成超大规模的、高质量的中文信息资源库群，支持国家整体创新体系的形成与发展。资源库建设是数字图书馆建设的核心，其基本思路是先建设急需急用和容易的，先易后难，从小到大；其出发点是大文化的角度，涵盖整个文化建设。该工程将完成中华文化史资源库、中华人民共和国国史资源库、中国共产党历史资源库、中国发明创造资源库、中国法制资源库、中国国情资源库、中国教育资源库、中国民族文化资源库、中国名人资源库、中国旅游资源库、中国艺术资源库、中国经济信息资源库、中国软件资源库、科技资源库以及面向青少年的一个百科全书式的知识宝库资源库的建设。在技术实现途径上采用与国际同类主流技术有接轨前景的方案，如标准通用置标语言、统一资源名称、公共对象请求代理结构等，严格遵守电子信息处理与电子信息交换的相关国际标准及工业标准，统一的总体框架与灵活的子项目实施相结合，采用适用于网络环境的分布式面向对象的软件技术，立足国内自行开发与引进国外先进成熟技术相

结合。同时提供全面、灵活的网络连接方式，为用户提供对各种资源库的快速查询与检索；开发智能化中文用户界面和廉价的用户接入设备，普及网络的使用，用户可以方便地获取网上的资源，使信息资源得以最大化利用。

（二）国家科技数字图书馆

2000年6月，依据国务院的批复，经科技部、财政部、原经贸委、原农业部、原卫生部和中国科学院等有关部委协调，成立了"国家科技图书文献中心"，由中科院图书馆、工程技术图书馆（中国科学技术信息研究所、机械工业信息研究院、冶金工业信息标准研究院、中国化工信息中心）、中国农业科学院图书馆、中国医学科学院图书馆组成。它是一个虚拟式的科技信息资源机构，中心下设办公室，在中心主任的领导下开展工作。中心建设的宗旨为：根据国家科技发展需要，按照"统一采购、规范加工、联合上网、资源共享"的原则，采集、收藏和开发理、工、农、医各学科领域的科技文献资源，面向全国开展服务；促进科技文献的深度加工、优质服务、快速传播和有效利用，实现科技文献的共建共享；推进我国科技文献的基础建设和数字化图书馆事业的发展，为促进政府科学决策、科学技术研究、技术创新、人才培养、参与国际竞争提供支撑保障。国家科技图书文献中心（NSTL）建设的"国家科技文献资源网络服务系统"是一个共建共享的网络化信息服务系统，它按照分布加工数据、集中建库、集中检索、分布服务的原则，通过互联网向广大用户提供信息服务。NSTL已在网站上开通了外文科技期刊、会议论文、科技图书和中文会议论文、学位论文等数据库，以文摘方式报道近万种外文期刊及其他类型文献。全世界的网络用户可免费检索该网站上的数据库，网站上报道的二次文献条目，中心的成员单位均收藏有全文，注册用户可随时向系统提出检索全文请求。

（三）中国高等教育文献保障体系

中国高等教育文献保障体系（CALIS）是我国高等教育发展的基础设施，1998年11月正式启动，其建设的总体目标是建成一个具有中国特色的现代化文献信息服务系统。它以CERNET为依托，采取"整体规划、合理布局、相对集中、联合保障"的建设方针，初步建成中国高等教育文献保障体系的基本框架，以此推进我国高等教育资源的合理优化配置，实现信息资源共建、共知、共享，提高高等学校教育和科研的文献保障水平。CAUS管理中心设在北京大学图书馆，目前已建成全国中心、地区中心和成员馆三级网络结构。参与CALIS建设的主体是"九五"期间国家正式立项建设的"211工程"的高校,其他有条件的高校均可参与子项目的建设和共享CALIS的资源。CALIS在国内首次实现了网络环境下的实时联机合作编目,建成了学科和文献类型最多的联合目录数据库,联合订购的国外数字化信息资源覆盖了所有学科,引进的数据库学术水平较高,增加了电子资源的品种,为各高校和国家节省了大量资金;自建了高校学位论文库、重点学科专题库、特色数据库和导航库。

(四)中国实验型数字式图书馆计划

中国实验型数字式图书馆计划由文化和旅游部倡议,以国家图书馆、上海图书馆、南京图书馆、深圳图书馆、辽宁图书馆等主要公共图书馆为参与主体,模仿美国数字图书馆创始计划,侧重技术方案实现,兼顾资源数字化,建立一个在内容和技术上具有一定典型意义的数字图书馆原型,通过遍布全国的数字通信网,依托即将建成的"金图工程"向全国乃至全球提供网络服务,并为我国大规模建设数字图书馆工程提供样板。主要成果是在我国创建了一个分布式、可扩展、可互操作的、具有一定规模资源的实验型数字图书馆,达到国际同类水平,项目成果居于国内领先水平。主要包括设计开发了通用的套装数字图书馆系统,在国内率先建立了一套通用的数字内容资源加工系统,建立了跨地域、多馆合作的网络资源建设体系,建成了符合数字图书馆资源建设要求的、可互操作的、分布于全国7个省市的30个以上的数字资源库群,在互联网上实现了良好的运行。

(五)教育部数字图书馆的攻关项目

教育部将数字图书馆公关项目交由北京大学、清华大学、华南理工大学、上海交通大学承担,主要研究数字图书馆的结构、检索机制以及相应的标准规范,图文信息联合导读学习系统,数字音乐图书馆雏形和一个小型的数字化视频数据库示范系统。其中清华大学与IBM公司研究实验室共同研制中国数字图书馆系统,通过网络技术向分布广泛的用户提供快捷便利的服务,从总体上提升图书馆各方面的功能;华南理工大学已经研制成功视频数字化图书馆,存储有10G以上的视频剪辑信息;目前上海交通大学正在创建一个数字化图书馆的现实模型,将该校图书馆实际使用馆藏文献的30%进行数字化处理,包括联机目录、电子参考书、电子全文杂志和会议录、多媒体有声读物、计算机软件等。

（六）中国知识基础设施工程

中国知识基础设施工程，简称 CNKI，1999 年 6 月正式启动，由清华同方光盘股份有限公司、中国学术期刊（光盘版）电子杂志社、清华大学光盘国家工程研究中心、清华同方光盘电子出版社、清华同方知识网络集团、清华同方教育技术研究院联合承担。CNKI 是一项涉及面很广的系统工程，其主要内容包括知识信息资源数字化建设及挖掘、网络数据存储与知识网络传播体系、知识信息组织整合平台、知识仓库建库管理和发布系统、知识信息计量评价系统和数据库生产基地建设等方面。CCNKI 计划引进国外重要的数字化信息资源，开发期刊、会议论文集、博/硕士论文、报纸、专著、教科书等数字化资源，创建网络研究院。其中包括网上推出了"创新知识资源全国共享行动计划"，计划完善期刊全文数据库，并推出全文数据库的引文链接版，加强网络建设，并通过"中国医院知识仓库"、政府信息服务和校校通工程扩大信息服务范围。CNKI 以中国学术期刊光盘版和中国期刊网最为著名。期刊网入网期刊陆续增至 6000 多种，已形成世界上最大的期刊文献数据库。CNKI 采用在全国设立检索咨询站、网上包库、镜像站点等方式向用户提供服务，形成了完整的经营模式，建立了产业化的知识信息服务体系。

（七）万方数据资源系统

万方数据资源系统于 1997 年 8 月在互联网上开始对外服务，目前分为科技信息子系统、商务信息子系统和数字化期刊子系统三部分，面向不同用户群提供信息服务。商务信息子系统推出了工商资讯、经贸信息、成果专利、商贸活动、咨询服务、在线交易等栏目，面向工商、企业用户提供商务信息和解决方案。科技信息子系统面向广大科技工作者、高校师生、公共图书馆、科研单位及政府管理部门服务，文献资源包括专业文献、会议论文、学位论文等共计 37 个数据库。期刊子系统（数字化期刊群）源于国家"九五"重点科技攻关项目——"数字化图书馆示范系统"，集纳了 2000 余种科技期刊全文内容。在我国，万方数据公司最早开始在互联网上提供免费电子期刊全文服务，目前在全国各省市建有几百个服务中心，直接用户达数万人。它以技术平台的开发能力强、自建数据库多和独具特色的网络经营模式在我国信息服务行业中占据了重要地位。

（八）辽宁省图书馆与 IBM 合作的数字图书馆项目

辽宁省图书馆是全国公共图书馆中首家启动数字图书馆工程的图书馆，它采用 IBM 数字化图书馆解决方案，成为 IBM 数字图书馆软件方案在中国的首家商业用户。它把对古籍文献的数字处理、互联网信息发布、多媒体阅览室及 VOD 点播作为先期实现的重点功能。

（九）全国党校系统数字图书馆：建设计划项目

2001 年年初，国家计委批准立项"全国党校系统数字图书馆建设计划"，总投资达 1.9 亿元。北京大学、东北师范大学等院校相继成立数字图书馆研究所，在全国范围内掀起了数字图书馆建设和研究的高潮。

（十）中国实验型数字式图书馆

2001 年 5 月 23 日，国家重点科技项目"中国实验型数字式图书馆"通过专家技术鉴定。目前，中国数字图书馆已经进入初步实用阶段，我国的数字图书馆研究、建设已经初具规模。

二、我国数字图书馆建设的特点

（一）我国数字图书馆的运行模式

其主要采取三种类型。

1. 国家与单位投入，免费提供给用户使用

如中国实验型数字式图书馆，该项目是由国家计委批准立项；中国高等教育文献保障体系项目是 1998 年由国家计委批复启动；上海数字图书馆古籍馆藏数字化，免费提供给用户使用。

2. 国家与企业投入，市场化运行

如中国数字图书馆有限责任公司由国家图书馆控股，公司通过股份制经营，多种形式广泛募集资金完成第一期融资，采取市场化的运行机制。

3. 企业投入，市场化运行

如超星数字图书馆，开发了易用、经济的数字图书格式，拥有自主知识产权的图文资料数字化技术、专用阅读软件，向读者发行会员卡——超星读书卡，作

为读者在借阅数字作品时付费的凭证,并向著作权人及相关出版社支付作品使用报酬。中国知识基础设施工程制定 CNKI 数据库版权协议,参照国际惯例,采用并发用户数调价办法,有利于体现 CNKI 数据库及文献编者、作者知识产权的价值和保护原则。

(二) 我国数字图书馆的研究力量

我国数字图书馆的研究力量由图书馆界、科研组织和商业机构三方面组成,其中图书馆界是最主要的力量。图书馆方面的优势是拥有丰富的文献信息资源和传统的服务手段,但在技术研发和经费支持方面则是弱项。我国对数字图书馆的认识还局限在图书馆的范围内,要充分发挥数字化信息资源的作用还有很长的路要走。我国数字图书馆研究缺乏协调和协作的机制。数字图书馆研究是一项跨学科、跨行业的复杂的系统工程,需要各方面协调和合作,必须付出极大的努力,才有可能取得成果。现在许多单位都不愿正视数字图书馆研究的复杂性和艰巨性,建设的热情远远高于研究的热情,重复建设低水平的数字图书馆,造成有限资金的无谓浪费。

(三) 资源数字化是研究的重点

数字化信息资源的研究是当前我国数字图书馆研究的重点,在上面所提及的研究项目中都有专门的资源数字化的研究内容,在建设的数字图书馆中也有专门的资源数字化系统。根据网络信息资源组织的需要,有些单位还开发了元数据格式,如广东省中山图书馆的中文通用全文信息资源数字化格式、清华大学的建筑元数据项目、北京大学的拓本和敦煌元数据项目等,这说明我国对信息资源数字化在数字图书馆中的重要性有比较明确的认识。

(四) 目前存在的主要问题

国外政府对数字图书馆项目投入了大量的经费支持,社会各界的支持也占有相应的比例,而目前我国对数字图书馆建设的投入仍显不足。投入机制不健全,周期长,见效慢,使得数字图书馆建设缺乏连续性和系统性,因此,有必要形成一个多元化的投入体系。建设数字图书馆不仅需要国家投入,还需要地方政府、公司企业等各方面的投入。对于国家和地方政府的投入,应建立相应的法律法规,保证投入的稳定性和连续性。同时,政府还应出台有关政策法规,鼓励公司企业和个人对于图书馆数字化建设的投入,从而逐步形成国家、地方、企业、个人多方组成的多元化的投入体系和机制。目前,我国数字图书馆信息资源建设缺乏全国性的宏观规划,信息资源建设大多处于各自独立、相对分散的状态,造成非常严重的重复建设问题。各种标准还没有完善,宏观管理有待加强。

第三节 数字图书馆的发展趋势与方向

一、数字图书馆的发展趋势

(一)从基于数字化资源向基于集成服务和用户信息活动的范式发展

数字图书馆的发展重点经历了几个阶段:第一代数字图书馆主要在特定文献资源数字化的基础上建立数字信息资源系统,它们往往作为独立系统嵌入传统图书馆系统或上层机构信息系统中,将跨时空检索和传递特定数字化资源作为其主要任务,可称为基于数字化资源的数字图书馆。第二代数字图书馆致力于支持分布的数字信息系统间的互操作,支持这些系统间无缝交换和共享信息资源与服务,由此构造集成信息服务机制,形成基于集成信息服务的数字图书馆。这一代数字图书馆不再以文献数字化和具体数字资源库建设为核心,而主要是面向分布和多样化数字信息资源,通过服务集成构造统一的信息服务系统,形成与传统图书馆不同的新系统形态和组织形态,是目前数字图书馆研究、开发和应用实验的主要形态。第三代数字图书馆将围绕用户信息活动和用户信息系统来组织、集成、嵌入数字信息资源和信息服务,从而更直接、深入、有效地支持用户检索、处理、利用信息来解决问题的全过程。因此,以用户信息活动为基础的第三代数字图书馆是今后发展的方向。

(二)数字信息存储的全息化

随着数字图书馆建设的不断进展,资源数据量越来越大,存储空间将成为影响数字图书馆应用的主要因素。数字图书馆涉及的是海量的多媒体信息资源,在将它们保存到数据库之前必须进行压缩,以降低数据库成本,使数据库规模保持在可管理的范围内,所以需要着重研究能够适应快速访问的海量存储技术。全息数字化技术的广泛应用以及新的压缩技术的出现使数字化资源所占的空间大大降低,也使存储设备的投入大大减小。同时全息数据存储具有的巨大的存储容量、高速的数据传输速率和短暂的访问响应时间等特点,使它能够满足提供网上服务的要求,全息数字化技术将成为21世纪数字图书馆的主流数字化技术。全息数字化技术所生成的数字化资源都是全息的,取代了简单扫描技术生成的资源,既保持了文献资源的信息完整,又增加了检索等功能,是未来数字图书馆资源的主要组成部分。

(三)多种资源的高度集成,易用性更强

多种资源的深度融合也是数字图书馆发展的一个基本特征,目前的数字图书馆资源种类绝大多数仍然以传统的书籍报刊等印刷版资源数字化为主,将来会扩展到声像制品、多媒体等资源。这些资源不只是简单地堆积到一起,而是进行了高度的集成和深度的融合。读者输入一个检索词,可以将各种各样的资源全部检索出来,阅读器是能够浏览、播放各种资源的超级阅读器。数字图书馆更具人性化且更加易用。信息导航技术、知识管理技术、全文检索技术、跨平台技术、智能检索代理技术以及推送技术的广泛应用都促使数字图书馆更加贴近用户,更加方便使用。

(四)数字化技术进一步完善

数字图书馆建设涉及计算机、网络通信等多领域、多技术的综合集成,而计算机和网络通信技术发展十分迅猛,新技术层出不穷,数字图书馆需要网络通信、多媒体信息处理、信息的压缩与解压缩、分布式信息处理、信息安全、数据仓库、基于内容的智能检索、超大规模数据计算、用户界面等多种技术。目前亟待解决的关键技术包括以下几种:

(1)软件重用技术。

(2)多语言处理技术。

(3)自动识别技术。

(4)互联网人工智能技术。

数字图书馆的一个基本特征是传输网络化,这就要求数字图书馆具有高速信息传输通道,以便用户快速获取所需信息。目前,数字化技术正在不断完善。

(五)标准化建设取得较大进展

标准和规范化是实现数字图书馆资源共享的前提和根本保障。数字图书馆建

设管理的信息和知识包括所有学科，数量极其巨大，类型特别繁多，而且包括了文字、表格、图像、音频等多种媒体的数字化表达，组织极其复杂；同时各单位所使用的软硬件规格不一、品牌庞杂。如何将众多的力量协调组织起来，实现网络的互联互通、资源的共建共享、管理的井然有序，从技术管理的角度考虑，关键就在于标准化。有了标准化，才能把各单位开发出来的信息资源按统一的格式组织起来，既能和国际网络接轨，更能为各单位所共享，形成整体性信息资源；也才能用统一的检索标准建立起分布式的存储和检索系统，使信息资源能为广大用户方便使用。标准化是建设数字图书馆的重要保证。

（六）社会化和国际化趋势

数字图书馆将向着社会化、国际化方向发展。目前美国已有众多的科学、技术研究机构和多所著名大学组成合作小组，协同完成了数字化资源及数字图书馆技术的研究与开发，美国国家图书馆联盟就是一个组织全国15个大型图书馆及国家档案记录局的合作机构。此外，有些联盟还有著名的大公司加盟。1995年，法、日、英、德、意、美、加七国的国家图书馆在法国成立了G7全球数字图书馆联盟，俄罗斯加入后，又扩展为G8联盟，致力于数字图书馆的建设和发展工作。1997年，环太平洋数字图书馆联盟成立，由太平洋地区的知名大学图书馆和国家图书馆共同实施，其中包括我国的北京大学图书馆和中山大学图书馆，开展数字图书馆的合作研究计划，致力于合作开发多语种在线图书存取系统及多语种文档传输系统，形成大型分布式多语种数字图书馆。

二、数字图书馆建设的方向

（一）加强数字图书馆建设的战略管理

数字图书馆建设作为国家信息基础设施建设的重要组成部分，涉及各种各样的技术、管理和服务问题，因而不仅需要技术层面的微观研究，也需要决策层面的宏观探讨。数字图书馆是跨部门、跨行业的大系统工程，所以应该由政府出面统一规划、组织和协调。数字图书馆要实现通过互联网为用户提供全方位的信息服务这一宏伟目标，就必须搞好信息资源的规划工作。为了正确把握数字图书馆的建设方向，提高项目建设的实际效益，避免在项目和技术选择上出现重大决策失误，有必要从战略管理的高度处理好数字图书馆建设中的一些宏观关系问题，如数字图书馆与传统图书馆的关系、数字图书馆与国家信息基础设施建设、技术先进性与适用性、数字资源建设与整合、业务的社会化与个性化、项目建设与用户服务、馆际协作与资源共享、数字图书馆信息服务与知识产权保护、数字化建设与体制创新等，应该加强整体规划和可行性分析。

（二）加强特色化数字资源建设

建设数字图书馆必须重视信息资源的建设，数据库资料是数字图书馆的重要信息来源，必须考虑数据库的建设，避免网络上缺乏信息源，造成网络闲置的浪费。应从全局出发，合理建设和使用文献信息资源，不要盲目求新、求全、求高水平，应该加强资源共享，不要重复建库和重复引进造成浪费，要立足本馆、面向全球、形成特色。数字图书馆的服务对象不仅包括到馆的读者，更多的是网络环境下的用户，因此，要加强主页设计，建立数字馆藏，提供多种形式的远程服务。要深层次开发信息知识资源，建设各馆特色化数字资源，满足高层次读者用户的存取需求。数字图书馆应该注意个性化服务和特色化资源的深层次开发，提高数字图书馆生存发展的核心竞争力，促使数字图书馆走向可持续发展之路。

（三）加强数字图书馆建设的合作与协调

数字图书馆的建设是跨部门、跨学科的并以高新技术为基础的艰巨复杂的系统工程，需要有关研究机构和部门通力合作和沟通，打破各自为政、条块分割、重复建设的局面，以网络为依托进行整体化建设。在技术上，与外国技术企业加强合作，利用外国先进技术创建具有特色的数字图书馆。数字图书馆建设需要计算机界、软件工程界、通信网络工程界及其他方面结成一个战略同盟，美国数字图书馆研究走的共同协作路线是值得借鉴的，在推进数字图书馆建设时，如果单凭政府投入或图书馆自身的资金和技术力量将很难完成这一艰巨任务。因此，图书馆界应该在认识到自身是建设主力的同时，主动与信息技术界、企业界等建立友好合作关系，广泛吸收资金、技术和人力，共同开展实验。应该加强数字图书馆的宏观管理，做好有关的协调工作。

（四）加强数字图书馆的可用性评价

可用性指的是系统必须具备一定的功能特征，如是否提供功能菜单、是否采用图形界面等。从使用上说，可用性是指用户在一定的环境里完成一定的任务时，系统的性能或作用能否得到有效体现，可用性是评价数字图书馆的一项重要质量指标，它涉及用户与数字图书馆交互的许多方面，甚至包括数字图书馆的安装和维护。可用性关系到数字图书馆的性能是否能满足用户的需要、流程是否符合用户的习惯、效果是否能达到用户的期望。对数字图书馆的工作人员而言，可用性关系到工作的效率和数字图书馆存在的意义；对数字图书馆的开发者而言，可用性直接决定着系统开发的成败。根据用户范围的不同，数字图书馆的可用性可以分为界面可用性和组织可用性两种，前者是指数字图书馆的用户界面能否满足具体用户的要求；后者是指数字图书馆能否与特定组织的实际工作相结合，满足实际工作的需要。

数字图书馆不仅将改变人们利用信息的方式和模式，还将影响人们利用信息的深度和广度。因此建立一套评价数字图书馆可用性的原则具有十分重要的意义。评价数字图书馆可用性的原则可以概括为：

（1）易学

数字图书馆应该易于学习，用户可以在很短时间内掌握其使用方法；系统应该给用户提供培训的机会和途径，用户在使用过程中遇到问题时能得到及时的帮助。

（2）易记

数字图书馆的体系结构、界面、功能和操作要有一致性，从而提高其易记性；尽量减轻用户的记忆负担，当用户在间隔一段时间后再次利用数字图书馆时，不必重新学习使用方法。

（3）高效

数字图书馆必须是一个高效的系统，能有效地满足用户的信息需求，用户利用数字图书馆获取信息比利用其他途径有更高的效率。

（4）容错

数字图书馆应该有较强的容错能力，保证系统能够连续正常运行；用户出现操作失误时系统要及时报告，并提出修改建议或自行修复。

（5）愉悦

用户在利用数字图书馆的过程中，感觉应该是轻松的，心情是愉快的，结果是令人满意的，系统要设法排除用户利用过程中可能产生的沮丧、厌烦、挫折的情绪。

（6）服务差异化

网络使得世界各地的用户都可以利用数字图书馆提供的服务，而在不同社会、不同文化背景和不同知识层面下用户的要求是不一样的。因此，数字图书馆要根据用户的认知方式和行为特性，根据用户的阅读习惯和查询要求，为用户提供差异化的服务。

数字图书馆系统必须适合用户或组织工作的实际情况，包括系统是否适应工作流程的需要，是否符合用户获取信息的习惯，是否与计算机系统和通信设备相匹配等经济上的可行性。数字图书馆是一项高投入、高产出的系统工程，必须对数字图书馆的经济效益和社会效益做全面的评估，对用户利用数字图书馆的经济承受能力也要有充分的考虑。

（五）加强数字图书馆的知识管理

数字图书馆的知识管理就是通过对数字图书馆所拥有的包括信息及知识各种要素在内的所有智力资本进行组织、开发和运营，从而实现知识创新、知识扩散和知识增值的过程。其主要内容包括：

（1）知识创新。这是指以创造性思维建设与管理数字图书馆。数字图书馆是一种网络环境下的全新的图书馆形态，具有与传统图书馆完全不同的理念追求、运作方式和管理模式。要有效地进行数字图书馆建设实践，必须要创新图书馆学知识。数字图书馆的工作人员将成为发展和创新图书馆学的一支重要力量。

（2）知识组织。这是指把数字图书馆资源中的各种知识因子和知识关联表示出来，以便人们识别和理解。知识组织的方法多种多样，依知识的内部结构特征，可分为知识因子组织方法和知识关联组织方法；依知识组织的语言学原理，可分为语法组织方法、语义组织方法和语用组织方法。

（3）知识开发。这是在对数字图书馆信息的获取和预处理的基础上，通过数据挖掘和知识发现等方法对有关的信息进行提炼、精简与分析，发现隐含在其中的具有规律认识的有用知识，通过对信息的深层次加工，形成具有独特价值的知识产品。

（4）知识扩散和应用。这是指对数字图书馆的知识产品进行传播和利用，如知识信息导航、知识信息评价、知识信息咨询、知识营销等，从而实现知识的增值。数字图书馆要实现有效的知识管理，关键是要建立适合知识管理的组织管理机制、技术机制以及有利于创新、交流、学习和知识应用的环境和激励机制。目前，针对知识组织和知识管理的多种智能技术和软件技术，如元数据技术、XML可扩展性结构化标记语言、智能Agent技术、数据采掘技术、个人知识管理软件工具、数据仓库、知识发现、数据融合、智能搜索等已在数字图书馆中得到了广泛应用,在面向内容和知识管理的数字图书馆设计中尤其得到强调,极大地提高了数字图书馆知识组织和管理的效率。

(六)加强数字图书馆的标准化管理

数字图书馆建设需要图书、情报、档案机构、各种信息中心和文化设施等众多部门和单位共同参与;它所管理的信息和知识包括文字、表格、图像、音频等多种媒体的数字化表达和无缝连接,组织极其复杂。因此,标准化与规范化便成为数字图书馆建设的一个十分突出的问题,并成为实现数字图书馆资源共享的前提和根本保障,将直接影响数据库的质量和服务效果。数字图书馆需要多个标准之间的联系和协调,更需要建立有关的标准体系,如数字图书馆的资源储备、描述与标识、检索查询、交换和使用的标准与规范等。建设数字图书馆主要涉及两方面标准:首先是直接涉及文献信息工作本身的技术标准,包括通用标准、出版专业通用标准和相关标准、图书情报专业通用标准和相关标准、档案专业通用标准和相关标准等;其次是有关计算机、通信和数据库建设的标准。目前数字图书馆的标准和规范仍然存在大量空白,例如,评价信息网站的标准及规范、数字图书馆系统软件的标准和评价指标、数字图书馆质量保证体系及质量认证标准等,有待进一步建立与应用。

(七)加强数字图书馆用户的研究与关系管理

用户是数字图书馆建设的出发点,也是数字图书馆赖以生存和发展的基本条件之一,因此,必须重视数字图书馆的用户研究,以用户需求为导向来进行数字图书馆资源建设和管理。用户关系管理是通过有关的管理技术和方法对用户进行系统化研究,识别有价值的用户,对用户进行沟通和教育培训等工作,从而改进服务,提高用户的满意度。数字图书馆用户的基本特征是类型比较多、范围广、需求变化大,目前又以团体用户为主,集体统一购买某方面资源的使用权。数字图书馆的用户关系管理具有如下一些特点:它的核心思想是将用户关系作为一种重要的资源,对用户的需求进行深入分析,通过完善服务来满足用户的需求;它将注意力集中于用户发展,以便使潜在用户变成现实客户、现实用户变成忠诚用户;通过满足用户的需求,与用户建立长期稳定的关系,从而不断拓展产品或服务范围。数字图书馆用户关系管理要从"内视型"向"外视型"的视角转变,过去,数字图书馆管理的着眼点在后台即资源建设,而对前台即直接面对用户服务等方面注意不够,随着数字图书馆服务的发展,完全依靠"内视型"管理模式难以适应新的发展要求,必须运用"外视型"的观念去研究和发展用户。用户关系管理的目的在于发现、了解、预测和管理现有或潜在的用户。数字图书馆用户关系管理通过搜集、跟踪和分析用户的有关信息,观察和研究用户的行为,使用户的关系及时得到优化,有针对性地发展和管理用户关系,为用户提供相应的产品或服务,以实现用户价值最大化和数字图书馆收益最大化之间的平衡。数字图书馆用户关系管理涉及许多方面,是对数字图书馆与用户之间发生的各种关系进行全面管理,而不是数字图书馆某一方面或某一阶段的短期行为,是围绕用户的有关行为而进行有效管理的一种长期战略。随着数字图书馆的进一步发展,数字图书馆之间的竞争会越来越激烈。目前有些数字图书馆的管理体制已是经营实体,国内外数字图书馆系统也开始展开对用户的争夺。用户关系管理利用先进的信息技术正确分析用户的需求,以最快的速度响应和满足用户的需求,从而能够在最大范围内吸引更多的用户。良好的用户关系管理不仅能挽留现有的用户,而且还可挽回已经失去的用户,同时争取更多的用户。用户关系管理的目的是实现用户价值的最大化,不同的用户具有不同的关系价值,用户关系管理的实施让用户和潜在用户感到自己受到重视,从而成为数字图书馆服务的使用者和支持者。因此,用户关系管理的实施有利于形成竞争优势,进而增强竞争力。数字图书馆用户研究和关系管理的主要内容包括:

(1)数字图书馆用户的需求分析。

(2)数字图书馆用户的数据管理和挖掘。

(3)数字图书馆用户的分类研究。

(4)数字图书馆用户的心理行为研究。

(5)数字图书馆的用户教育。

(6)数字图书馆用户的服务效果评价。

(7)数字图书馆服务方式的改进。

(8)数字图书馆用户的人文关怀。

三、网格技术的发展对数字图书馆的影响

(一)网格技术的特点及其意义

网格(Grid)是近年来兴起的一种前沿信息技术,是互联网信息技术发展的新趋势。它的思想来源于电力网格,目的是将计算能力和信息资源像电力网一样

通过网络形式方便地传送给用户。网格是高性能计算机、数据资源、互联网三种技术的有机组合和发展,它把分布在各地的各种计算机连接起来进行资源共享。网格是一种一致、开放、标准的计算环境的信息基础设施,支持聚合地理上广泛分布的高性能计算资源、大容量数据和信息存储资源、软件和应用系统、高速测试和获取系统,以及人力等各种资源的合作问题求解系统的构造。

网格的根本特征是资源共享。它把整个网络整合成一台巨大的超级虚拟计算机,实现各种资源的全面共享。目前互联网上各种信息资源由于分散在不同的地方,要进行资源共享十分困难,并且利用效率比较低。网格则可以实现互联网上所有资源包括硬软件资源、计算资源、存储资源、通信资源、信息资源、知识资源等的全面连通,通过网格系统进行利用。

(二)网格技术在数字图书馆建设中的应用

数字图书馆是综合运用多方面高新技术支持的数字信息资源系统,将分散于不同载体、不同地域的数字化信息资源以网络化方式互相联结起来,从而实现资源共享。数字图书馆通过数字技术进行信息资源的组织和管理,能够储存海量信息,用户可以通过互联网络高效方便地进行查询检索。而网格是高性能计算机、数据源、互联网三种技术的有机组合,它具有高性能、一体化、知识生产、资源共享、异地协同工作、支持开放标准、功能动态变化等优点,为数字图书馆建设提供了有利的条件。

1. 网格为数字图书馆构造了统一的平台

网格技术的巨大优势是比较明显地降低了建立网站和提供网络服务的成本。网格的许多平价和资源都是共享的,它是一种将分布在各地的计算机、数据、信息、知识等组织成一个逻辑整体,在此基础上运行各自的应用网格,为数字图书馆提供各种一体化信息服务的信息基础设施。在信息网格中,资源被统一管理和使用,用户可以通过网格操作系统透明地使用整个网络资源,网格利用现有的网络基础设施为用户提供一体化的智能信息平台,创建一种基于互联网的新一代信息平台和软件基础设施。在这个平台上,信息处理是分布式、协作和智能化的,用户可以通过单一入口访问所有信息,而不是像目前的互联网那样,用户需要在成千上万的网站中去寻找合适的信息。

2. 网格有利于数字图书馆的信息集成

数字图书馆建设是一项庞大的信息工程,涉及许多方面,只有协同工作,才能保证其正常运转。网格将分布在不同地理位置的资源通过高速的互联网进行资源集成,从而提供一种高性能计算、管理及服务的资源能力。在分布式的异构环境中,网格技术能够精确定位所需的数据集,并为后续处理提供支持。人们利用这些资源就像利用电源一样,不必计较这些资源的来源和负载情况。网格计算可以合理而有效地将远程资源高效地组织起来,形成网络虚拟计算机,形成超强的能力。网格已经发展成为连接和统一各类远程异构资源的一条重要途径。

3. 网格有利于实现数字图书馆的资源共享

网格把整个互联网整合为一个巨大的超级计算机,实现网上所有资源的全面连通,实现计算机资源、存储资源、数据资源、信息资源、知识资源等多种资源的全面共享。网格提供单一的系统映像,具有透明性、可靠性、负载平衡等功能。网格支持对异构数据资源的访问,为用户提供统一的访问接口,选择适当的访问协议来实现用户提出的数据访问请求。网格与目前的计算机网络不同,网格能实现应用层面的连通,它主要关注的是如何消除信息孤岛,实现信息资源的智能共享。网格技术的进一步充分应用能够极大地提高数字图书馆资源的利用效率。

4. 网格有利于数字图书馆的海量数据处理

数字图书馆所要处理的数据通常比较大,网格则能够很好地解决海量数据的计算处理和分析问题。它能将分布在不同地方的计算机连接在一起,用户只需通过客户端发出要求计算的指令,网格就把这些任务调配给各个计算机执行,然后将各个计算机计算出来的结果汇总反馈给用户,连接的计算机规模越大,计算能力就越高。此外,通过网格,用户还可以在较短时间内把需要的数据从不同的数据库中找出来综合在一起,省去了多次访问不同数据库的时间,并能直接调用网格中的算法和程序等资源,避免许多重复性的工作。网格可以智能地分配计算资源,能够优化现有的计算资源,更快地解决数字图书馆的设计和利用问题;能够将应用程序的每个部分调整到最适合它的系统中去,从而以更短的时间、更低的成本解决有关应用问题。网格与数字图书馆技术有机结合起来,从而为在分布式异构环境中实施信息资源发现和知识发现提供支持。

5. 网格有利于数字图书馆进行知识管理

网格的知识生产特性是网格与互联网两者之间质的区别,互联网本身不生产知识,人们都是先把信息知识用其他方式生产出来以后,再放到网上供用户查找利用,而网格则能根据用户的要求自动地生产知识。在知识生产的过程中,高性能计算机将起到关键的作用,它把从数据源得到的各种原始数据运行特定的程序加工成信息和知识,网格可以自动地找到有关的数据源进行综合分析和知识的发现，然后形成新的认识。可见，网格有利于数字图书馆进行知识管理。随着网格技术的不断发展，数字图书馆的功能和作用都会得到全面提高，在客户提出请求或查询时，网格将会自动处理分析，并把有关结果传送到客户登录的节点上，从而使数字图书馆的服务更加完善。

（三）网格对数字图书馆的挑战

网格技术的发展和应用对数字图书馆建设提出新的要求，网格系统平台建好后的应用移植是网格技术走向应用的最大障碍。网格技术要求用户将原有的系统应用标准化，并平移到新的系统之中。实际上，如果很多现有的数字图书馆应用系统被推向网格环境，将面临重新编写应用代码的问题，虽然目前已经有一些相关的工具被开发出来，但还有许多技术问题需要解决，还需要进一步支持和相互之间合作。面对网格技术的进一步发展，数字图书馆建设的指导思想应该具有前瞻性，要适应将来网格环境的发展需要。首先，在资源建设方面要特色化。在网格环境下，由于信息的高度综合和集成，任何重复建设都是毫无意义的，只能造成巨大的浪费。因此数字图书馆的资源建设要进行合理的配置和相比的协调。其次，要增强数字图书馆系统的相互可操作性，以便更好地通过网格系统共享资源。再次，进一步完善数字图书馆协同服务，系统模式要走向集成的、多层次的分布模式，实现各类服务组件集成化。最后，不断丰富服务中的交互模型，通过提供各种交互模型使数字图书馆服务能够不断地适应发展变化的需要，更加具有针对性和个性化。

第五章　现代图书馆的管理与创新实践

第一节　现代图书馆业务管理

一、图书馆流通业务管理

流通是图书馆文献服务的具体实践业务，文献的流通服务是指图书馆根据读者的借阅需求，提供馆藏文献供读者利用的服务过程，它是图书馆面对读者最基本同时也是最直接的一种服务方式。由于计算机技术引入图书馆的日常管理和服务工作中，因此改变了图书馆管理与服务的手段。随着读者对文献需求的不断变化，以及自动化管理系统的不断更新，使处于图书馆一线服务的流通业务的质量得以不断提高。

1. 图书借阅自动化

（1）建立书目数据库。建立书目数据库是数字图书馆的基础，数据库的建立既要准确又要安全，否则会直接影响到系统运行的准确性和可靠性。在建库前向读者发出催还通知，尽可能地把更多的馆藏图书收入数据库中，减轻今后补录的工作压力。在建库过程中应对工作人员做周密安排，一部分人员负责图书加工，将每本书贴上条形码，另一部分人员负责数据的录入与校对。

建库工作分3个步骤进行：第一步是整架、剔旧和排顺；第二步加工、填单；第三步是录入数据库。

（2）功能和效果。流通管理是流通子系统的核心模块，完全依据用户在参数库中定义的有关借阅制度运行。在严格检查的基础上，流通管理者进行以下几项工作：借书、还书、续借、污损处理、丢失处理、预约登记、取消预约。具体功能体现如下：①借书、还书、续借、污损处理、丢失处理可直接用命令切换。②借书时系统将读者当前所有借书信息显示在屏幕上。③续借时如有过期，系统会将读者当前所有过期书目显示在屏幕上。④在流通管理过程中系统自动计算超期罚款并显示在屏幕上。

图书借阅自动化的效果也是显著的,读者利用计算机检索书目,节省了查找时间;工作人员借还书时,采用的是条码阅读器输入方法,大大提高了工作效率。而且可以通过计算机快速准确地进行流通统计、进行定性定量分析,了解读者的需求动态和馆藏,提高馆藏建设的质量,使得管理更加科学。

2. 条形码的应用

目前,在图书馆计算机管理系统中,多采用条形码作为人机对话的手段和检索查询的纽带,基本上屏蔽了键盘。因为条形码具有识别速度高、数据录入可靠、录入准确性好、保密性强等优点,所以条形码技术在社会各界才得到广泛传播和应用,并在图书馆自动化管理中发挥作用。

3. 流通工作的管理

流通借还是图书馆传统的基本服务方法,是满足读者将部分藏书借出馆外自由阅读的方法。它包括个人外借、集体外借、馆际互借和流动送书、预约借书、邮寄借书等。外借工作是图书馆的"门面""窗口",能反映出一个图书馆的管理水平、服务水平及精神面貌。流通工作怎样实行科学管理?概括成一句话就是:"用最少的时间向最多的读者提供最好的图书"。为此,要做到以下几方面:①注意外借人员的配备,经常对外借人员进行规范化服务教育,要求语言规范、行为规范。②为避免工作台前的"长龙",最好实行分科借还和定时借阅。如划分社科借还处、科技借还处等,规定某种图书的借阅时间。③调整书库、合理布局,把借阅率高的图书放在最易取放的地方,并且新书及时上架,排列准确。④设立"宣传板"或"新书预告"栏,向读者推荐和宣传图书。

二、图书馆阅览业务管理

阅览服务是图书馆利用一定的空间设施,组织读者开展文献阅读活动的一种服务性工作。阅览工作的组织与管理是图书馆工作管理的重要组成部分。阅览室是开展读者服务的重要阵地。同其他业务部门比,阅览工作有着自身的特点、规律和管理范围,因此对阅览工作的管理除采用惯用的管理手段外,还要根据自身特点和社会需要来进行管理,尤其是当前传统的阅览工作管理方式已不适应社会的发展需要,它要求阅览工作情报化、信息化,为此在阅览管理人员安排上要注意以下几点:①要打破传统的"看门人"思想,合理地安排使用人才。人员结构要分两个层次，一是专业型，即有较高的专业水平，能够开展宣传、辅导、咨询与书目工作，也就是说能为读者提供科技情报和信息服务的工作人员。二是管理型，主要负责阅览室值班等日常工作。②还应根据本馆情况和读者的需要开设各种阅览室，如普通阅览室、分科阅览室等，发挥它们各自的作用，并使它们形成相互配合、相互补充、有机联系的阅览体系，以便尽可能全面而又有区别地满足各类读者的不同需要。③实行岗位责任制，分工明确，还要制定各种阅览制度和奖罚制度。④对工作人员进行规范化服务教育，形成习惯，持之以恒。⑤阅览工作人员要注意阅览动态，从中找出规律以便更好地开展阅览服务。⑥采用开架阅览的管理方式，但其发展趋势是分科开架阅览。

1. 图书馆阅览服务存在的问题

第一，大多数图书馆阅览服务基本上沿袭传统的"区别服务原则"，即将图书馆读者服务对象划分为教师与学生两大读者群体，并根据他们的"阅览需求特点"，分别设置教师阅览室、学生阅览室；十分重视教师使用图书馆的权利，允许教师使用图书馆的一切馆藏文献资料，学生却不能到教师阅览室借阅自己所需要的文献资料，只能在专为学生开设的书刊阅览室里查阅书刊。这就人为地降低了书刊的利用率。与此同时，图书馆实行开架阅览，不外借，现时读者却热切希望在闭馆期间也能利用自己的闲暇时间来阅览本专业或自己感兴趣的书刊。这无疑人为地给读者设置了障碍，降低了图书馆书刊等文献资源的利用率。

第二，低层次的服务方式。传统图书馆为用户提供的文献资源只是现实的馆藏资源，即图书馆收藏的有限的文献。对于用户需求的馆外信息资源，服务人员往往束手无策。同时受管理体制和专业人才的限制，图书馆往往无法开展深层次的信息服务，如联机检索、光盘检索、网络信息检索等。

第三，被动的服务方式。传统的阅览服务方式是"守株待兔"的方式，服务方式简单，仅局限于馆内阅览、文献复制、口头咨询等。这种传统的服务模式束缚了服务人员的思想，使他们缺乏服务的主动性和热情。随着科技的飞速发展、信息资源的急剧增长、用户需求的日趋多元化，图书馆应逐步实现开放式服务，实行藏、借、阅、查、研一体化，以方便用户使用。

第四，随着信息业的高速发展，大量专业图书出版时都附有随书光盘，而现在大多数图书馆都是将书与随书光盘按照载体形式不同分别放置在图书阅览室和电子阅览室里，这使得图书阅览室常常是有书没盘，而电子阅览室是有盘没书，这大大影响了图书馆资源的利用，造成资源的浪费。

2. 网络环境下图书馆阅览服务的特点

（1）数字化文献信息充实了阅览室服务资源。文献信息环境的新变化使现代图书馆不只作为读者的一个借阅书刊的场所，它还综合利用先进的信息技术使数字化文献信息成为馆藏资源的重要组成部分，通过完备的网络通信设施使图书馆长期以来不断追求但又收效甚微的资源共享在网络化、数字化时代得以实现。通过网络阅览室管理终端和读者终端，管理人员向读者提供的资源不单单是室内的书刊，还有通过网络互联起来的数字化文献信息资源的集合，甚至扩展到整个图书馆界的文献资源。这些资源都可以通过现代信息检索和文献传输手段作为阅览室、图书馆馆藏资源的补充，以满足读者的文献信息需求。

（2）阅览室为读者营造了全新的文献信息氛围。在很多图书馆，网络化、数字化使图书馆实现了书、刊、网、藏、阅"一体化"的管理，阅览室不再只是印刷型书刊的陈列室和阅览室，而是为读者营造了一个全新的获取文献信息的环境。相关专业书刊资料整齐排列，一台台计算机终端让读者耳目一新，读者不但可以选择阅读印刷型专业文献，还可以上网使用图书馆各个数据库的海量电子文献。全新的文献信息氛围不仅能够全方位满足读者的文献信息需求，还有利于提高读者的信息需求。

（3）读者阅览的文献信息需求趋于多样化。网络化、数字化的文献信息环境已经为图书馆的师生读者所接受，也使他们对文献信息需求从传统的印刷型书刊资料转向多元化资源。印刷型书刊文献仍然是读者工作和学习时的重要参考资料，图书馆书目数据库和购置的各类网络数据库、互联网上的专业文献信息也被纳入读者文献信息需求的范畴。来到阅览室的读者，既有习惯于传统阅读方式的读者，又有善于利用网络信息的读者，这就需要图书馆为他们既提供书刊借阅服务，又提供网络化的文献信息服务。甚至还有一些读者利用图书馆网络服务平台，向阅览室提出各方面的文献信息需求，需要图书馆提供远程的文献信息服务。

（4）阅览室管理走向自动化。网络化、数字化的浪潮使图书馆普遍实行了计算机集成管理，对阅览服务也同样实行了计算机管理。室内书刊借阅由传统手工操作走向计算机管理，实现了从手工操作为主的事务型服务向依靠综合文献信息技术的智能型服务的转变。自动化管理不仅简化了借阅手续，节省了读者的时间，而且使阅览服务更加专业化，大大提高了阅览管理人员的工作效率。图书馆阅览服务的内容也逐渐从提供传统印刷型书刊向提供多元化、电子化的信息及广领域、深层次的信息发展。

3.阅览服务模式的创新方向及措施

服务创新是指在现有的条件下，着力于主动服务，扩大服务范围，改进服务方式，达到最好的服务效果。读者是图书馆过去、现在及未来永恒的中心，将图书馆所藏文献或知识，通过各种方式提供给读者，是图书馆最终价值之所在。

阅览服务模式的创新方向及措施如下：建立"合二为一"和"阅借合一"的服务模式；利用网络设备开展多种模式的阅览服务，使阅览服务进一步完善；改革阅览服务方式；调整、重组服务部门；提高阅览室工作人员的综合素质；加强阅览室读者导读和网络导航工作等。

三、图书馆参考咨询业务管理

参考咨询服务是以文献为根据，通过个别解答的方式有针对性地向读者提供文献、文献知识或查找文献途径的一种服务工作。它是图书馆读者工作的重要组成部分，是图书馆为科学技术服务向纵深发展的一个标志。参考咨询工作的管理应着重抓以下几方面：①参考咨询。咨询人员必须具备广博的知识和较强的业务技能，如熟悉馆藏，会使用各种工具书进行检索，能进行网上参考咨询等，同时还要有良好的工作态度和服务热情。②建立多途径多功能的检索体系。③结合实际因地制宜开展灵活多样的服务工作，变被动服务为主动服务。④注意处理好以下几个关系：与采编外借等部门的关系；经常性咨询与专题服务的关系；阵地服务与上门服务的关系；普及与提高的关系等。

1.参考咨询馆员的地位与作用

在现代信息技术条件下，参考咨询服务的对象从本馆本地扩大到整个社会乃至全球各地；服务内容从几项到多项的综合性服务；服务层次从常规解答疑问式咨询到难度更大、要求更高的咨询课题；服务方式不受时间与空间限制，以一对一与一对多、多对一或多对多的多种形式并存；服务模式以用户为中心，对用户信息需求的分析注重对资料的分析；服务手段的更新，服务模式的变革等，参考咨询服务不仅仅依赖于先进的计算机网络技术和现有的丰实馆藏文献，更重要的是通过设立参考咨询馆员来培养造就一批既有广博专业知识，又有熟练的检索技能，还有敏锐的分析判断能力和强烈的工作责任感，具有敬业爱岗，乐于奉献精神的专业人才。21世纪各种交互式信息网，名目繁多，层出不穷，参考咨询馆员要成为读者"解读""导读"的知识向导，成为他们获取知识、寻觅信息的导航员，成为具备素质精良的"专家型学者"。

2. 参考咨询馆员应具备的素质和能力

参考咨询馆员是图书馆开展参考咨询工作的核心。在发达国家的图书馆，大中型图书馆都设有参考咨询部，大部分参考咨询人员具有图书馆学硕士学位，他们较好地掌握了目录学、文献检索等方面的知识与技能。如美国图书馆对参考咨询人员的资格审定、业务考核、职务聘用等均比较严格，其总的要求是专职咨询馆员要具有一定本专业水平和业务能力，能与读者建立友好的关系，对读者提出的问题解答令人满意，能向读者积极介绍查找文献资料的途径，耐心地辅导他们独立使用各种检索工具，较熟练地掌握一门以上的外语等。结合我国的实际情况，图书馆参考咨询馆员应具备以下几个方面的素质和能力：

（1）具有图书情报学知识和咨询学知识。作为一名参考咨询员，首先应具备图书情报学和咨询学知识，要通晓图书情报学及其分支学科，要熟悉图书馆和各项业务，这些都是从事咨询工作的基本条件。此外，作为一名参考咨询员，对近年来发展起来的新兴学科——咨询学必须有较为深刻的了解。咨询学是研究咨询和咨询活动一般规律的科学。它的研究目的主要是总结、归纳并提炼咨询实践经验和知识，建立一个咨询学本身的理论意识，充分开发和利用人类咨询资源，更好地发挥现代咨询的功能为用户服务。咨询馆员具备了咨询学理论知识，就能运用理论指导实践，更好地开展咨询工作。

（2）熟悉馆藏、精通文献信息分类编目知识。要做好参考咨询工作，就要熟悉本馆文献资源及本馆纸本文献、电子资源、数字资源的馆藏量、收藏地点、变化沿革、检索途径等。因为本馆所藏的文献资源是紧密围绕本校教学科研而收集的学科核心资料，是参考咨询工作中所依靠的基本资料，因此，对这些文献信息的检索体系也要了如指掌。随着图书馆纸本馆藏数据电子化，这部分文献的检索变得容易了。

（3）具有良好的职业道德素质。职业道德是指从事一定职业的人们，在工作或劳动过程中所应遵循的与职业活动紧密联系的道德规范的总和。参考咨询馆员作为图书馆的形象代表，与各学科用户保持着经常的联系交往，这就要求在表现出高水平的业务素质的同时，也要表现出较高的思想素养和良好的职业道德。要牢固树立"用户至上、服务第一"的工作观念。始终把为用户提供优质高效的信息服务放在第一位，想用户之所想，急用户之所急，用满腔的热情，积极主动地工作，要有为他人做嫁衣的服务精神，要提倡默默无闻的奉献精神。参考咨询馆员在从事信息采集、信息组织加工、信息调研和信息传递等工作过程中，都要贯穿以人为本的思想，根据用户的信息需求来组织和传递信息。参考咨询馆员要时时感受自己肩负的重任，不断学习新知识、研究新问题，在知识创新的岗位上，要注重工作思路和工作方法上的创新，把图书馆整体工作推向一个新的高度。

（4）具有敏锐的信息意识和信息组织加工能力。参考咨询馆员是介于信息资源和用户之间的信息组织者和传播者，应具备较高的信息素质和信息意识。一方面能够自觉地分析研究学科用户潜在的信息需求；另一方面也能敏感地意识并及时捕捉跟踪研究有关学科建设的新信息，为用户提供最新最有效的信息。参考咨询馆员还应对本馆所拥有的各类信息源（包括印刷型文献、光盘数据库、网络数据库、电子出版物、网络信息等）有全面清楚的了解，并能够按用户需求将有效信息从庞杂无序纷乱的信息源中按一定方式提取、筛选、整合，形成适合用户需要的、便于利用的信息产品。参考咨询馆员还要能够熟练地运用各种现代化信息技术和手段，进行信息组织加工、发布及信息用户教育等，通过各种形式和途径，拓展信息功能，挖掘信息潜能，实施信息再造以达到充分利用各种信息的目的。

（5）较强的计算机操作和文献检索能力。图书馆学是一门理论性和实践性都很强的学科，特别是现代信息有着存储数字化、形态多媒体化、知识组织网状化等特点，在从事咨询工作的时候，更多的是利用数字化馆藏和网上信息查询、电子数据库展开咨询服务，尤其是当本馆购进各种数据库时，参考咨询馆员首先要了解这些数据库的文献资源范畴、功能、检索方式和检索技巧，才能向用户推介；其次还要做好用户培训、用户教育。同时，咨询馆员的另一个重要工作内容是要经常在网上查找与专业相应的优秀网站、免费数据库，用链接、粘贴等方法为读者做好资源重组，向读者推介。在当今美国图书馆界，参考咨询工作中的技术应用已成为服务手段的主流。这就要求现代参考咨询馆员具有熟练运用计算机的操作技能，懂得光盘检索技巧，能够利用各种网络终端查寻所需资料，并能利用计算机组织信息和数据，以供用户使用。

（6）自觉学习能力。现代参考咨询馆员要有较高的自学能力，因为人类社会和科学技术的飞速发展，知识陈旧和老化周期缩短，过去那种一次学习受益终身的教育模式不复存在，现代社会将是学习型的社会，现代图书馆将是学习型的图书馆。继续教育已成为现代人不落后于时代发展步伐的必修课。在这种情况下，参考咨询馆员所拥有的知识和信息应更宽更广，才能胜任咨询服务工作。因此，参考咨询馆员除参加有计划的培训外，必须具有更高的自觉学习能力，在平常的工作中要有意识地学习各种知识和技能，需要什么学什么，碰到什么难题就学习什么知识；只有具备这样的自觉学习的能力，才能自信地迎接信息时代参考咨询服务工作的挑战。

随着网络技术和图书馆事业的不断发展，虚拟的数字信息资源与传统的纸本文献资源有机结合，使图书馆拥有丰富的信息资源。这些投资甚巨、耗时费工组织起来的宝贵信息资源能否适时、适用地传播给用户，使知识转变为生产力，取决于图书馆参考咨询服务的水平和参考咨询馆员的综合能力。当今科学技术的发展，呼唤着那些不断努力、充实自己达到终身学习，拓宽知识层面和深度，能够给网络环境下现代化、多元化、专业化的读者群提供高品质服务的参考咨询馆员。

四、图书馆期刊业务管理

由于期刊的特点是有固定的名称、出版单位，有连贯的标识系统且连续不断地出版，所以在期刊管理上也应该是"采、编、流"一条龙的管理方式，从订购、记到、编目、现刊阅览、装订、入藏到统计，全部用计算机完成。其优点是代替手工操作，可以极大地提高效率，规范期刊业务工作，提高期刊业务管理水平，拓展期刊业务的服务领域，期刊管理走向集中化和协作化的道路，适应图书馆数字化、网络化的需要。

随着计算机技术、通信网络技术和数字技术的发展，尤其是 Internet 的兴起和广泛应用，电子期刊也迎来了它飞速发展的时代。由于电子期刊的迅速发展，改变了传统的期刊信息传播方式——印刷型出版物，越来越多的期刊以电子载体的形式发行，使图书馆的期刊收藏与管理、服务内容与方式都受到了极大的影响。电子期刊的不断发展，必将大大改变图书馆的文献资源布局结构，改变和丰富图书馆的服务模式，将对图书馆的管理方式产生深远的影响。

1. 电子期刊

（1）电子期刊的概念。电子期刊开始于 20 世纪 70 年代，最初的电子期刊是指电子化的软盘型期刊，后来出现了光盘型期刊。早在 1983 年，美国学者沙凯文（B.shachel）就对电子期刊进行了定义，他认为通过电子手段文献（一次、二次或三次文献）输入一个计算机系统中，读者就可以在他们自己的终端上阅读这些文献，这些文献就是最早的电子文献或称为电子期刊。此后，随着信息技术的发展，电子期刊名称及含义也在不断的变化。有代表性的主要有无纸期刊（Paperless Journals）、联机期刊（Online Journals）、光盘电子期刊（CD—

ROM Electronic Journals）、虚拟期刊（Virtual Journals）、电子期刊（Electronic Journals，简称 E—Journals）等。到目前为止，国内外尚无一个对电子期刊的统一定义，简单地说，所谓电子期刊，就是以数字形式存储在电子媒介上并通过电子媒介发行和阅读使用的连续出版物。

（2）电子期刊的特点如下：第一，电子期刊的优点。①出版周期短，内容更新快。电子期刊由于无须印刷、装订，加工环节少，发行快捷，所以出版周期一般较短，同时由于电子期刊的所有加工处理过程均使用计算机，其内容的修改以电子手段进行，十分方便灵活、更新快。②信息存储容量大，载体的体积小。收藏脱机电子期刊将比收藏印刷型期刊大大地节约图书馆的存储空间，一张 CD—ROM 光盘的存储容量可达 650MB，分别相当于 2.75 万页文字，450 张 3.5 英寸软盘、1.8 万幅数字化图像。由此可看出电子出版物体积小、容量大、密度高。③检索功能强。电子期刊提供了多种检索途径，篇名、篇名中的关键词、作者、出版地等各项都可以被单项或组配方式检索出来。与传统的印刷型期刊相比，检索速度快、查全率、查准率高，检索结果亦可打印出来或拷贝在软盘上。④信息传递速度快，可实现资源共享。电子期刊的传播媒介是以光电子为手段，可以在很短的时间内实现信息的远距离传输。不同地域的多个读者可以通过有关网络站点同时利用同一种电子期刊，读者不会出现该种刊物被借走而影响查阅的情况，从而最大限度地实现了资源共享。⑤使用方便。只要保证与计算机联网，就可以自由地进行存取、检索、查询、浏览，不受时空和地域的限制。

第二，电子期刊的不足。①电子期刊的质量有待提高。电子期刊虽然出版速度快，发表论文的篇幅也未做限制，但其收录的文章缺乏严格的审稿制度，稿源和刊期也不确定，暂时还未被广大观众认可，因此吸引不到有名望的专家投稿，所以电子期刊的内容、质量有很多不尽如人意之处，有待提高。②电子期刊受技术条件的限制。用户要想访问电子期刊，他所使用的微机必须上网，而我国目前计算机的普及率还不高，因此这些就限制了许多人对电子期刊的利用。由于 Internet 的用户在迅猛发展，使得网络宽带和 IP 地址资源显得非常紧张，用户利用网络进行信息交流的速度变慢，同时还要负担较高的网络通信费。③电子期刊对用户的自身素质要求。电子期刊同印刷型期刊相比检索能力强、速度快、查全率高，但它的检索、查询、浏览、存取，用户都必须具备一定的计算机应用知识，以及对各种检索软件的掌握，才能流畅地查阅。④电子期刊不能完全代替印刷型期刊。由于传统观念及阅读习惯的影响，纸型文献仍然受到读者的青睐。从阅读内容来看，想了解并获取动态信息最好还是利用互联网，但消遣性、浏览性阅读，还是利用纸型文献更为方便。因此，在一定时期内印刷型期刊和电子期刊将同时存在。

2. 电子期刊对图书馆期刊工作的影响

（1）图书馆馆藏结构的变化。文献的生产状况决定了图书馆馆藏文献的类型，电子期刊的问世改变了传统馆藏的结构，由于电子期刊体积小、储存密度高、易于管理等优势，它可解决文献激增与情报需要之间的矛盾，解决文献增长速度超过馆藏增长速度的矛盾，它将打破以单一的印刷型文献为主要馆藏的格局，促使馆藏向多类型多载体方向转变，并形成不同载体文献共存互补的保障体系。

（2）图书馆服务方式的改变。电子期刊的出现，使图书馆期刊工作的管理方式与服务方式发生了根本的变化。传统的期刊文献信息服务主要依据的是一个或多个图书馆的馆藏。电子期刊的出现，使期刊文献信息服务的范围大大扩充，检索和传递的手段主要由手工的复印、邮寄等方式改为主要以网络传递，可供在屏幕上阅读，或打印或下载到软盘上等方式，可以在电子阅览室通过计算机查阅世界上任何一个地方、任何一个图书馆的期刊文献信息，也可以借助图书馆或自有的设备阅读胶片、光盘，看录像，听录音，获取文字、图画、声情并茂的信息，同时仍然通过传统的期刊文献途径，获取纸质期刊文献信息服务。

（3）管理人员知识结构的改变。在信息时代，图书馆将成为电子信息交换的中心。图书馆馆员要紧跟时代的步伐，不断更新自己的知识和观念，不但成为专业型人才，而且要成为复合型人才，除掌握本专业知识外，还必须掌握外语、计算机技术、网络知识和网上实际操作技巧，具备管理电子期刊系统的基本能力，能够处理日常系统出现的一般故障，解答读者使用过程中出现的一般问题，以便帮助读者顺利快捷地获取电子期刊文献信息。

3. 图书馆期刊工作的应对策略

（1）更新观念、放眼社会，拓展服务的范围和空间。现代图书馆依靠互联网技术，实现网上采购、编目、联机检索、馆际互借等。网络电子期刊的出现使图书馆期刊工作的内容、方式及信息服务方式、服务对象等大为改变。图书馆将面向全社会的用户提供全方位、多层次、多元化服务，这一事实是毋庸置疑的。因此，图书馆应摒弃传统的期刊管理模式，重新认识图书馆期刊服务工作的重要性，打破传统的经营模式，拓宽期刊服务领域及信息传播的覆盖面，使图书馆期刊工作向网络化、经营服务型转变。

（2）合理配置馆藏资源和网上资源。网络环境下的图书馆应集中人力、物力，积极开发利用网上信息资源，对网上信息资源进行开发、筛选及整序工作，加强用户信息产品：专题产品、综述产品、特色产品等的开发，如跟踪研究、动态分析、决策研究、市场预测等，这些服务都具备一定的特色和深度，同时做好本馆馆藏期刊资源的数字化工作，建立有特色的期刊信息数据库，发挥人才优势，开展网络信息导航服务，不断拓展馆藏信息资源。

（3）强化用户的网络意识和信息能力。网络电子期刊能提供丰富的信息资源，但目前用户对网络知识和信息的了解甚少，缺乏网络检索能力，而作为一个现代型的图书馆读者，如果不懂得信息检索知识，不掌握鉴别、判断信息、知识、情报质量水平的高低，他们就无法有效地开展好研究工作。因此，图书馆应深化读者的网络意识和信息意识，注重对用户信息能力的培养，包括认识信息、获取信息、检索信息、评价信息以及处理信息和使用交流信息的能力等，以更好地提高读者网络检索能力。

（4）提高期刊工作人员综合素质。网络环境下图书馆的信息服务是以现代化技术为手段向读者提供全新的高技术、高水平的服务，这就要求图书馆工作人员必须具有较高的文化素质和合理的知识结构。因此，适应现代化期刊管理的需要，期刊工作人员必须加强网上在职培训，利用继续教育、双学位制等多种形式，使期刊工作人员不断更新其知识结构，成为既会操作微机、熟悉互联网，又有一定英语水平、专业知识的复合型人才，从而提高服务技能，以适应网络环境下的期刊信息服务工作，使电子期刊文献信息真正得到合理的开发利用，为高校的教学和科研做出贡献。

五、图书馆电子阅览室业务管理

电子阅览室的管理不仅包括读者本身，还包括读者所产生的诸多信息技术操作，很多方面是不能用传统的管理方式所能解决的。

1. 电子阅览室的服务功能

（1）图书馆馆藏文献信息检索服务。馆藏文献信息检索服务主要是基于本馆所藏的各种文献信息数据库，包括馆藏中文书目查询、中文期刊目录查询及外文书目查询、外文期刊查询。

（2）Web 版信息检索服务。我校图书馆先后更新了《中文科技期刊数据库》

(Web版)、中国学位论文数据库等；中国期刊网部分数据读者可通过分类号、篇名、关键词、作者、刊名等途径进行检索，快速获取文献信息出处或全文；同时正在包库使用《超星数字图书馆》；试用《万方数据库》。

（3）随书光盘及软盘阅读服务。现在许多图书都附有光盘或软盘资料，我校图书馆将这些图书中所附光盘及软盘资料交电子阅览室保管，电子阅览室工作人员根据读者需要提供给其上机阅读。

（4）网络信息查询服务。读者可通过校园网、中国教育科研网和电信公共数据网，进入互联网，因此能提供网上各类信息的查询、阅览以及网络文献检索服务，包括协议馆的信息查询及文献传递。

（5）收发电子邮件和"网上交际"。电子阅览室不仅为读者提供了"查找资料"这一图书馆传统功能，而且也为读者开通了一条对外交流的方便而快捷的途径：在这里读者可通过网络发送和接收电子邮件，和友人交流信息；通过BBS服务选择若干感兴趣的专业组，参与讨论，查找有关的新闻、消息，发布文章或消息，对他人发布的信息进行评价；通过图书馆BBS可以推荐你需要的书，以便工作人员购买。

（6）读者在电子阅览室可进行软件学习、编辑文章、排版各种图表及多媒体光盘欣赏下载等多种活动。

2. 读者利用电子阅览室的现状

在工作中，常常发现读者在利用电子阅览室过程中表现出一些明显不足之处：①部分读者信息意识不强，检索资料还是采用一本本、一册册翻检的原始手段。②部分读者信息技能不高，多数读者使用计算机的水平一般，相关的操作技术不够熟练。对自己想检索的信息需选择哪一网址、采用哪一类搜索引擎、不够清楚，因此检索速度慢、信息查准率低。另外还有些读者，由于上网目的不明确，或者说具有盲目性，常常花费大量的时间在网上漫游，最终一无所获，结果浪费了时间，耽误了学习。③与图书馆工作人员的相互沟通不够，以至于工作人员无法了解学生信息意识的现状来进行正确的辅导。

3. 加强电子阅览室管理的对策

（1）加大宣传，加强培训。①宣传电子阅览室的功能。电子阅览室的功能是不断发展的，因而对于新增的功能和各种数据库应及时进行宣传。②宣传电子阅览室各项功能的具体使用方法。在宣传的基础上加强用户培训工作，定期为读者开设数据库检索免费辅导班，使读者增强信息意识和掌握基本的信息技能，从而能认识到何时需要信息、何处有信息,具有查询、评价与有效利用信息的能力。培训工作可根据上机者的不同层次分批进行。培训的主要内容:一是计算机基本操作知识。二是信息检索技术与方法。三是网络资源介绍。同时对各种引擎的功能与选择、检索语言和检索符号的使用等也应详细介绍。四是常用工具软件及网络安全的培训。老师可边介绍边让学生上机操作,帮助学生尽快掌握计算机操作技术与技巧,以达到预期的目的与效果。

(2)提高馆员素质。①思想素质:馆员的指导思想是热情服务、严格要求、正确引导。因此,馆员应具备良好的职业道德修养,树立全心全意为读者服务的思想和奉献、开拓、进取的精神。工作人员要以教师形象要求自己,态度热情和蔼,公正、正确地对待读者提出的要求。尤其对于初次阅览的读者和违章的读者,工作人员要耐心地宣传讲解规章制度,并恰当地纠正违章行为,根据不同情况区别对待、妥善处理,这样才会得到广大读者的理解和支持,从而保证阅览室工作正常而有秩序的进行。②业务素质:馆员必须定期培训及进行电子阅览室微机操作系统的安装及维护,对馆藏的各种资料能做好读者咨询工作,熟练掌握各种数据库的检索方法,正确指导读者上机检索;掌握丰富的互联网知识,对读者进行各种网上指导服务。

(3)完善读者研究工作。完善读者研究工作主要是从两个方面着手:①研究读者的信息需求,以便及时完善电子信息资源的结构。②研究读者的检索习惯和检索障碍,根据其特点,工作人员可以及时调整服务重点,对于比较集中的问题,可以在本馆专栏予以解答,或者组织用户进行专门培训,提高电子阅览室的利用率和利用效果。

(4)进一步加强馆藏电子信息资源建设。电子信息资源是电子阅览室开展服务工作的资源保障。我馆目前已经建成馆藏图书和期刊的标准机读目录数据库,但视听资料和书带资料的标准机读目录数据库尚在建设中。尤其应加快更新各种建设期刊数据库,这样读者在电子阅览室里就可检索馆藏期刊的目次信息和文摘,从而提高馆藏期刊的利用率。此外除了提供必要的书刊目录,我们自行开发了重点学科导航库,如针对本校特色专业、重点学科开发专业或专题数据库(10000条);即将建设有助于学习的中文名著视频点播系统,把具有自身特色的文献和信息资源转变为数据库资源,方便读者利用。

(5)做好日常维护工作。读者在查询信息过程中,通常会遇到一些由计算机系统本身或由于操作不当而造成的麻烦,如登录不成功、登录速度不够快、莫名其妙的退出或死机等,这不仅耽误了读者的时间,也会不同程度地影响读者的检索兴趣,势必会影响到电子阅览室的声誉和利用率。因而我馆电子阅览室工作人员每天都做好了系统维护工作和数据备份工作、卫生检查工作,给读者提供一个良好的信息检索环境。

(6)创造良好的阅览环境。必须尽量创造条件,加大对电子阅览室的投入,在有条件的情况下添置先进的硬件设备、网络设备,并着手开发多种网络软件,使读者使用起来方便快捷。同时改善阅览室室内布局,完善各种规章制度,查询导航工作,严禁看不健康的网站和玩游戏等。

六、图书馆采编业务管理

图书馆业务外包源于20世纪80年代工业企业管理中所提出的一种经营管理方法。90年代这一方法被西方图书馆界吸收并采用,并逐渐引入我国图书馆界。近年来我国图书馆借鉴外国图书馆的成功经验,广泛采用这一现代化管理方法,越来越多的图书馆正在以各种方式开展不同程度的外包业务。随着我国图书馆事业的发展,联机编目和编目工作标准化、规范化的推进,图书流通市场和书商服务的日趋成熟,以及自动化和网络技术的飞速发展,采编业务外包这一新的管理和运行模式也越来越为我国图书馆界所运用。

1.图书馆采编业务外包的成因

(1)购书经费大幅增加,采编人员工作量加大。近年来,国家对高等学校教育进行改革,各高校不断扩大招生规模,招生数量成倍增长,生均藏书量与教育部高等院校教学水平评估标准的要求相差甚远。为此各高校对图书馆增拨了大量购书经费,采用突击购买图书文献的办法来达到教学评估的要求,造成了采编业务量的激增。新书到馆量的剧增和采编加工人员的短缺,造成大量新书积压,影响了图书的上架流通。

(2)市场竞争激烈。随着图书市场竞争的日趋激烈,书商之间的竞争已由价格竞争转化为向用户提供技术服务的竞争。借助于现代化的技术手段,将图书配送和图书加工有机地结合起来,通过提供这类增值服务来获取更大的市场空间,以最大程度地获得更大的经济利益。

(3)联机编目的发展。联机编目的发展为图书馆采编业务外包提供了技术支持,也为书商延伸服务提供了帮助。网络技术的普及使得图书馆编目的传统作业模式发生了改变,编目方式向联机编目发展。我国联机编目的发展是以国家图书馆联合编目中心应用系统1998年12月进行联通并试验运行为标志的，CALIS高校文献保障服务系统也于1998年正式启动。这两个全国性共享平台的运行，为采编业务外包服务商制作编目数据提供了标准化的蓝本。

2. 图书馆采编业务外包的优势

（1）降低图书馆的运行成本。由于书商采用的是规模化经营、企业化管理，运营成本低，他们利用国家图书馆、编目中心等单位的数据进行一次性套录、多次利用，数据成本更低。采编业务外包，促进了机读书目数据的标准化，减少了大量重复劳动，提高了书目数据的利用率。据统计，目前我国图书馆原始图书编目，每种书成本在10~15元之间，而套录数据每种书仅0.3元。

（2）可以节约人力资源。采编业务外包后，大量采编业务由外包商提供，相应的业务流程也因外包而被精简，可以大大节约人力资源，图书馆编目人员可以从繁重的体力劳动和重复性工作中解脱出来，他们可以集中精力开展深层次的服务工作，为读者提供咨询服务，发挥图书馆自身特色，增强竞争能力，提高图书馆的服务层次和水平。

（3）解决图书馆新书积压问题。新书积压、新书滞后是图书馆普遍存在的问题，特别是近几年来，高校的发展、办学水平的评估、藏书量的不足，迫使学校给图书馆增加购书经费，购书数量明显增加，图书馆采编业务外包，能最大限度地缩短图书加工周期，从根本上解决图书馆新书积压、新书滞后的现象，达到标本兼治的目的。

3. 图书馆采编业务外包存在的问题

（1）代盖馆藏章的问题。书商为了获取更多订单，开展了许多增值服务，在采编外包业务承诺中，提供代盖馆藏章、加贴条形码、贴防盗磁条等服务。由于图书馆与书商的关系是供需双方的合同关系，如果书商所配送的图书完全符合订单信息，图书馆则无权退回。一般情况下，如退回的图书未盖馆藏章，书商可以将其调配到其他图书馆，或直接退回出版社。但是盖了章的图书，书商是拒绝退货的。因此馆藏章必须等验收合格后再盖，否则会造成无谓的浪费。

（2）分类问题。其实这也是编目工作的技术性问题，之所以特别提出，是因为它是目前来讲外包中争议最大的问题。关于分类，图书馆有两种做法：一种是将本馆的分类细则告知开发商，由他们进行分类取号；另一种是本馆分编人员自行分类。后一种做法其实并不是完全意义上的外包，是出于对外包商的不信任不得已而为之。熟悉编目工作的人都清楚，分类所占的时间决不是小数，即使有多年分类经验的老馆员，也只能做到对一些熟悉的常见类目信手拈来，大多数文献还是要翻阅分类法，更不用说对复杂文献的仔细斟酌了。在联机编目如此发达、数据源越来越规范的情况下，分类在编目中所占的时间的比重显得越来越大。由馆员分类，外包商的编目速度自然会得到提高，但现实问题是，采用第一种做法，外包效率也并未降低。从长时间观察中发现，虽然图书馆会向外包商提供分类法，其编目员也称熟悉分类，但在编制数据时，翻阅分类法的几乎没有，他们全是套用其他馆数据分类，有的编目员根本不懂分类法，他们只要效率，不在乎质量。例如，在书目联合系统中，因第一个原始编目的图书馆将 D9 写成 F9，其他几个馆分类号紧随其后也都成 F9。在工作中曾使用过多家公司提供的书目数据，通过对比，发现存在着比较严重的分类号混乱的问题。有的公司为图书取的分类号很详细，会分到最后一级类目；而有的公司则为图书取的分类号很粗，只归入第一级类目。甚至于重复购买的同一种书，也可能因数据来源不同的公司而分在不同的类目下，因此出现了诸多的"同书异号"现象。其二，对一些边缘学科图书、多主题的图书，每个馆都会视本馆的具体藏书结构，将一些分类两可的图书向本馆的重点藏书方向倾斜。因此，对待图书分类，要找到质量与效率的平衡点。不能光图分编效率，而忽视了分编质量。图书馆把采编业务外包给书商去做，不能一交了事，必须做好监督和验收工作，避免出现原则上的错误。

（3）图书馆与外包商之间经营的目的存在着差异。图书馆要求通过采编业务外包获取最大效益，而外包商则希望在采编业务外包中获取最大利润，双方在业务外包中存在着观念差异和经营矛盾。作为委托方的图书馆，必然要最大限度地降低外包成本。如果成本价格过低，将使外包商难以获得合理的利润，导致外包商千方百计地降低外包成本，带来外包业务质量下降，如果一旦出现成本上涨经营环境的改变，外包商在无法完成外包业务或无法获得相应利润时，可能就不愿意履行外包合约，导致图书馆外包业务失败。

（4）缺乏有效的监督管理。在采编业务外包中，图书馆难以参与外包商的运作过程，难以对外包商做适当的管理和约束，在外包商自我管理的情况下，外包业务的质量、进度等对图书馆影响较大的结果均难以控制和把握。如在采编业务外包方面，外包商为了追求利润，往往把积压的旧书配给图书馆，给图书馆增加验收的难度，导致管理成本增加和藏书质量下降。此外，有些图书馆误以为把采编业务外包给外包商即可一劳永逸，不对外包业务的质量、数量予以验收、监督和管理，这样会给图书馆带来较大风险。

（5）忽视业务外包带来的冲击。在实际工作中，图书馆采编业务的外包给业务工作带来相当大的冲击，而许多图书馆并未对这些冲击做出相应调整和准备，使原有顺畅运作的工作流程造成混乱，使原来从事该项业务工作的馆员失去了原有工作地位，感到长期掌握的知识和技能不再受到重视而倍感失落，甚至为职位和未来感到担忧，造成图书馆服务质量下降。

4.保证图书馆采编业务外包质量的措施

（1）更新服务观念，增强外包意识。业务外包实际上就是本馆在不增加员工的情况下办更多更复杂的事，它将极大地改变传统采编业务的工作方式。我们首先要在思想和观念上大解放，要从观念上正视业务外包这一新生事物，更新服务意识、成本意识和质量意识，这是办好此事的先决条件。

（2）慎重选择外包商。外包商的选择直接关系到外包的服务范围、深度和质量，因此选择外包商时应从外包商的实力、服务质量和信誉保证等多方面考虑。

（3）建章立规，依法办事。对图书馆的人、财、物，要有全方位的管理。其中业务外包形式、方法、数量、时间、交接、退换、人员管理以及具体操作的方法等问题都应建章立规，这样才能依法办事，减少盲目性，节约图书经费开支。

（4）加强采编人员的责任感，保证编目质量。将书目数据等业务长期外包给供应商，助长了采编人员不求上进、不钻研业务的惰性。事实上，业务外包培养了图书馆的竞争对手，采编业务能够外包，就意味着能够提供书目数据服务的机构不只有图书馆一家。面对可能出现的竞争状态，采编人员应该培养一种危机意识，不断提升自身的业务水平，加强工作责任心，将工作的绩效与编目质量挂钩，提高书目数据服务质量，以保证中央数据库的准确、完整和安全。

第二节　现代图书馆服务创新

随着互联网的迅猛发展，信息资源网络以其丰富的资源和便捷的工具改变着图书馆的信息服务工作，网络环境下，对图书馆馆员的要求更高。图书馆馆员的职责和社会地位越来越受重视。现代图书馆必须进行信息服务创新。

一、图书馆服务创新的内容

具体而言，服务创新实际包含四方面的内容。

第一，开展网络信息数字化服务。

数字图书馆的发展，是图书馆发展的必然趋势。随着数字技术的飞速发展，图书馆用户的信息需求、获取信息的类型和途径、利用信息及服务的行为模式都发生了巨大而深刻的变化。因此图书馆要有计划地将馆藏印刷型文献资源及其他类型载体的文献数字化，将其组成数据库，以提高馆藏的易用性及共享性，建立网络化的信息平台及完备的文献信息检索系统，使信息在馆与馆之间、用户与图书馆之间充分传递。

第二，开展用户检索技能培训。

图书馆的价值只有通过用户的利用才能实现。用户利用图书馆已有的系统，对图书馆的信息资源进行检索，图书馆的价值才能得到充分发挥，图书馆才能得到有效利用。所以，图书馆应加强对用户检索技能的培训。

第三，开展定题、定点服务。

图书馆的服务还表现在对学校的重点学科和重要研究项目进行跟踪服务，了解它的动态，利用已有馆藏和网上图书馆，以代查代借的形式提供及时的定题检索、查新、编译、科研调查等服务，如为教师提供科研前查新、科研中跟踪、科研后转化等服务。

第四，开展知识挖掘、信息增值服务。

随着网络技术的发展，人们对知识和信息的要求越来越高，用户不再满足于获取大量的原始文献，而是希望获得加工后的综合性增值产品，所以图书馆情报服务部门要根据读者的需求，对文献及信息产品进行深加工，去粗取精、去伪存真，挖掘精品，提高信息产品的含金量，使用户在最短的时间内取得最大的收获，以达到信息增值服务的目的。

总之，服务的开放性、服务的无限性、服务的人性化和服务的规范化是图书馆开展服务创新研究的基础，也是服务创新的主要内容。

二、图书馆创新服务的模式

1. 变单一型服务为多元型服务

随着多媒体和网络技术的日益发展，读者的信息需求结构也在发生显著的变化。传统单一的文献借阅服务，已落后于形势，远远不能满足读者尽可能多地获取网络信息和多媒体信息的需要。读者这种对信息和信息资源多样性的需求，迫使图书馆信息服务工作要由单一的服务向多元型服务转变。要实现这一历史转变，一方面，图书馆应努力实现信息资源的多元化，除了印刷型文献外，还应能提供电子图书、电子报刊、音像资料、多媒体资料等电子型文献信息；另一方面，图书馆提供的信息内容还应多元化，使之包括数据、动态信息、综述信息等多方面的内容。此外，还要针对读者的需求提供全程性、全方位的信息服务，包括获取信息的技巧、方法等的参考咨询服务。

2.变封闭型服务为开放型服务

图书馆自诞生之日起，从封闭到局部开放再到全面开放，经历了漫长的渐变过程。开放服务已成为现代图书馆服务的重要特征。开放原则是图书馆服务的首要原则，开放是服务的前提，现代意义上的图书馆开放，是一种全面的开放，包括资源开放、时间开放、人员开放和馆务公开。图书馆应越过"围墙"，从固定场所走出去，主动接触用户，开展用户需求意向、需求心理等方面的调研，不能拘泥于传统文献处理的小圈子，更不能满足于印刷信息载体的采集、储存、借阅这些传统的服务、管理工作，应把目光投注于多种信息资源的采集、加工、组织、服务方面，面向网络环境，面向多层次、多样化需求的用户，以新的方式组织、控制、选择、传播信息，建立起辐射型的开放服务系统。图书馆应在充分利用校内现有信息资源的前提下，想方设法扩大信息资源的范围和种类，突破服务的时间和空间限制，整合馆藏资源和网络资源，向有需求的各类用户提供全方位的服务。

3.变被动型服务为主动型服务

过去图书馆的服务理念是"提供图书、等待读者、有求必应"，其弊端是被动性强，图书利用率不高。市场经济和知识经济条件下，这种服务理念受到了挑战，"主动服务、创造服务、提高效率"的新的服务理念得到了倡导。面对用户对信息知识多样化的需求，图书馆的服务再也不能局限于在馆内为用户提供阅读、咨询的被动型服务，而要主动适应信息社会急剧变化的新形势，根据服务对象的需求与意向，想用户之所想、急用户之所急、帮用户之所需，走出图书馆，面向用户，上门服务。图书馆还要着眼于学校的学科专业建设、教师的发展和学生的成长，聘用专业人员为学科馆员，以加强信息资源建设和提高信息服务质量，主动为学科专业发展、教学科研提供服务。

4.变大众化服务为个性化服务

随着社会的发展，图书馆应变革传统的大众化的、千篇一律的服务模式，主动适应用户的个性化的需求，有效地提供特色化服务、个性化服务，以提高用户的满意度，实践图书馆的服务宗旨。图书馆应针对不同用户的需求提供有特色、个性化的服务，以满足他们个性化的服务需求，为他们的自我发展提供高质量的信息知识服务。

5. 变原始文献信息提供为信息知识增值服务

在信息资源数字化、网络化发展的趋势下，信息资源环境发生了极大的变化，信息交流与服务体系也面临变革创新。用户所关注的不再是获取原始文献信息，他们更需要直接融入其问题解决的全过程、更加有针对性、直接帮助其解决问题的信息知识服务，它涉及馆员如何从浩如烟海的信息集合中捕获和析取能为用户解决问题的信息，并将其融合重组为用户所需的相应知识或解决方案等。这是急需化解的服务者与被服务者供需的一大矛盾。因此，图书馆要解决上述供需矛盾，必须实现从原始文献信息提供为信息知识增值服务的转变。知识增值服务关注的是用户的问题是否得到解决；它是面向知识内容的服务，强调根据用户的问题确定用户的需求，通过信息的析取、重组来形成针对用户需要的新信息，而非简单的原始信息传递。上述特征决定了信息知识增值服务是贯穿于用户解决问题过程的信息服务，是动态的全程服务，是面向增值的服务。信息知识增值服务凝聚了服务人员的智慧，它不同于原始文献信息提供的简单中介性，在服务过程中，图书馆既是中介者同时又是信息生产者，其所提供的信息服务既包含原始文信息生产者所创造的价值，更包含信息服务人员所创造的新价值。

三、图书馆创新服务的措施

1. 了解用户的需求，包括显性需求和隐性需求

显性需求可通过调查问卷方式了解，做到这一点比较简单。关键是如何了解用户的隐性需求，隐性需求主要是通过观察用户的信息使用行为，比如用户访问的页面、次数、逗留时间等，来准确地获取用户的信息需求。要做到这一点，必须完善相应的人工智能方法和机器学习方法等技术。

2. 提高个性化服务质量

现在个性化服务系统推荐的主要还是一些大众信息，学术信息的推荐还存在不少问题，主要是信息分类、标引不够精确，推荐的信息滞后于用户现时的信息需求，因此，馆员要加强与用户的及时交流和反馈，让用户采用定性、定量的方法评价服务效果，从而改进系统的推荐质量，进一步提高图书馆服务水平。

3. 扩大数字图书馆的服务范围

从理论上说，个性化服务系统应该能为全国乃至全世界用户服务，然而事实上每个图书馆的个性化服务系统只能为很小范围的读者提供服务，这是因为数字图书馆的开发和利用涉及知识产权和个性化服务系统的容量问题。对于知识产权，一是利用先进的技术加以控制；二是只提供部分下载功能，比如说只能下载摘要等。对于个性化服务系统的容量问题，应该通过多渠道筹集资金，加快数字图书馆个性化服务系统的建设。通过种种举措，扩大个性化服务系统的使用范围，虽然个性化服务在国内外刚刚起步，还不是很成熟，但它在满足用户个性化需求方面已显现出相当的优越性。因此，积极开展个性化服务研究，创造良好的个性化服务的人文环境和技术环境，提高个性化服务质量，应该是网络环境下图书馆的追求目标。

4. 创造读者

现实读者是指具有阅读能力，也有阅读需求，并与图书馆建立阅读关系的人，而潜在读者是指有阅读能力，也有阅读需求，但没有借阅行为的人。因此，创造读者的第一步就是把潜在读者变为现实读者，最大化实现图书馆的价值。

首先，要加强对图书馆的宣传，主动展示图书馆的藏书、检索工具和服务模式，让读者了解图书馆，以引起他们的借阅需求，激发他们的借阅行为。我们可以通过开展讲座、引导参观、放映介绍图书馆的录像来推介图书馆，不但要对图书馆丰富的馆藏和先进的工具加以介绍，还要介绍图书馆以人为本的服务理念，以及具有特色的服务模式。服务的有形展示主要是展示服务的成果、服务的环境、服务设施、服务人员等，因此，良好的服务是吸引读者、争夺读者、创造读者的重要手段。其次，因为读者的阅读动机催生阅读需求，而阅读需求引发阅读行为，要了解潜在阅读，了解潜在读者的阅读动机，对潜在读者进行调查和分析，在此基础上进行个性化服务，有针对性地提供服务，使潜在读者产生借阅行为。最后，为读者利用图书馆提供必要的培训。图书馆可通过开设文献检索课，对潜在读者进行检索技能培训，使一部分潜在读者变为现实读者。

有的读者只是偶尔有借阅行为，即偶尔的读者；有的读者经常有借阅行为，即经常读者。因此创造读者的第二步就是充分利用图书馆资源，将偶尔的读者变成经常读者，促进图书馆从信息管理向知识管理、情报管理转变。

5. 实施首问责任制

实施首问责任制是图书馆服务理念的一种创新，体现了读者本位、以人为本的先进服务理念。读者本位,就是以读者为中心开展各种各样的图书馆服务活动,以人为本就是图书馆的每一个业务流程都围绕着人展开。读者不是图书馆的客人,而应是图书馆真正的主人,图书馆馆员的职责就是从读者的利益出发,为读者服务,向读者负责,这就是首问责任制的精髓所在。首问责任制的实行可以在图书馆内部形成良好的学习氛围,从而提高图书馆整体的服务质量。

所谓"首问责任制"是指最先接受读者咨询或请求的馆员作为首问责任人,负责解答读者提出的咨询或指引读者到相关部门、解答读者电话咨询或网上咨询的种类问题,直到读者满意为止。

首问责任制的建立和实行体现了"以人为本,读者至上"的先进服务理念,顺应了社会发展和读者对服务质量的要求,从而拓展了图书馆的生存和发展空间,是图书馆服务理念的创新。

6. 以人为本

数字化时代图书馆的服务理念在于以传播和传承人类的知识和文化为己任,树立"以人为本"的全新服务理念,从以满足书刊借阅的文献需求为主,转移到以满足知识信息需求,以及进行知识开发、知识创新服务为主,从而实现主动服务、个性化服务、知识服务、为读者提供网络书刊借阅、网上信息咨询报道、网上馆际互借、网上信息导航、网上文件传输、用户培训等个性化服务。最大限度满足读者的需求是"以人为本"服务理念的最终体现。

在人性化方面,要突出服务,注意图书馆馆员和读者之间诚信的培养,树立尊重读者、相信读者、爱护读者、服务读者的理念,要努力为读者营造一个良好舒适的学习氛围。

图书馆要将以读者为本的服务理念贯穿于图书馆各个业务工作环节,从而形成一种微笑服务、放心服务、规范化服务的图书馆服务文化。只要我们心系读者,想读者之所想,急读者之所急,服务到"家",我们的图书馆事业一定能创造辉煌。

第三节 现代图书馆参考咨询服务

参考咨询服务是图书馆的一项主要职能,是图书馆服务的高级形式,也是图书馆的基本服务项目。参考咨询服务开展得如何,是衡量图书馆的社会地位和影响作用的重要标志。随着 Internet 与 Cernet 网的发展,读者对信息的需求无论从广义还是深度上都有了极大的发展。他们已不仅仅满足于本地图书馆所提供的文献信息，还要求从世界范围内寻找自己所需的信息，以紧跟世界最新动态，第一时间了解科学研究的最新进展。图书馆如何适应和最大限度地利用网络所带来的变革，已成为摆在图书馆领导及参考咨询馆员面前的一个重要课题。

一、现代图书馆参考咨询服务的特点

1. 咨询工作服务内容多样化

一般来说，传统的参考咨询服务主要包括一般性的书目辅导及专门的事实性问题解答、指导和技术性的辅导这几个方面。在网络时代，参考咨询服务的类型没有本质性的变化，但服务内容却发生了重大的变化。技术的发展使得用户可以用电子方式精研各个数据库，从而进一步限定其检索项目；也可以用一种非常宽泛的方式来浏览各个条目。参考馆员的任务是解释电子式检索的各个步骤，以及辅助用户构建检索方式，与用户一起探索各种不同电子资源的选择方案。借助先进技术，参考馆员能回答更多的事实性咨询问题，大大拓宽了参考咨询服务的内容和范围，包含专题检验、定题和跟踪服务、科技成果查新、情报调研、网络调研、网络导航、编制专题数据库、培训读者等内容的综合性信息服务，使图书馆的参考咨询向更广阔的领域发展。

2. 咨询工作服务手段现代化

传统图书馆的参考咨询工作，都是以面对面的口头解答为主，网络环境下，以网络为中心的计算机技术、网络技术、通信技术、信息技术以及多媒体技术在图书馆得到广泛应用，使图书馆的咨询服务手段从传统走向现代。当今世界科技发展迅速，运用于咨询业的计算机的功能大幅度提高，动画、声音、图像的多媒体信息处理发展到实用阶段，信息处理达到智能化。随着信息技术的发展和应用，信息咨询服务已由手工检索向现代化检索方式迈进。联机服务、光盘检索服务、网络服务等现代化信息服务方式在信息咨询下正在逐步增多。如利用联机式光盘检索，可以带动读者找到文献线索；可以建立电子公告板，发布新书新刊信息和公费咨询人员编辑的文献索引等；通过 E-mail 加强与读者的沟通，解答读者的疑问、与读者进行交流。又如，在读者培训手段上，过去是传统的口头教学和学习，现在是以计算机和网络教学为手段等。

3. 咨询工作服务对象广泛化

在传统的参考咨询工作中，参考咨询的服务对象主要是本图书馆读者。在现代信息技术条件下,参考馆员的服务对象扩大为整个社会乃至全球各地。一方面,计算机网络的普遍使用使得图书馆本身成为网络中的一个节点,图书馆的横向联系或直接联系更加广泛和普遍,其读者范围已突破本图书馆限制而遍布全球各地;另一方面,信息具有共享性,不受地区和行为划分限制,只要有信息源,都可以开展信息咨询工作,形成了信息咨询业的蓬勃发展,也向图书馆参考咨询工作提出了挑战。参考咨询馆员只有扩大服务范围,主动面向全社会提供服务,才能求得自身的生存和发展。

4. 咨询工作服务方式多元化

图书馆传统的咨询服务方式多为单一的、重复的、被动的服务。在网络环境下,读者用户的信息需求结构发生变化,从过去以传统型为主体向电子化与网络化方向发展;从过去单一的文献借阅服务,转向既要有书本式文献的借阅服务,又要有联机检索和光盘检索服务,还要有信息咨询和培训服务等一整套信息服务。读者从图书馆提供的服务中所获取的信息,也不再仅满足于印刷型文献,而是希望能尽可能多地获得网络信息和多媒体信息,如数值型、图像视频型、软件型等各种数据库等。读者信息需求和信息资源的多样性,带来了图书馆参考咨询工作方式的多元化。这种变化要求参考咨询工作不能囿于传统的工作方式,停留在传统的服务水平上,必须探索基于网络的咨询服务新路子。针对读者的需求,顺从网络环境,不仅图书馆内部各部门之间要协同做参考咨询工作,而且咨询服务不受时间和空间的限制,读者可以到图书馆内进行咨询,也可以在网上进行咨询,参考咨询的服务方式从一对一的单一方式,转变为一对一、一对多、多对多的多种方式。

二、现代图书馆数字参考咨询服务的形式

数字参考咨询服务(Digital Reference Services),又称虚拟参考咨询服务(Virtual Reference Services)、电子参考咨询服务(Electronic Reference Services)、网上参考咨询服务(Online Reference Services)。它产生于20世纪80年代的美国。数字参考咨询服务是建立在计算机网络基础上的将用户与参考员(或专家)和学科专门知识联系起来的数字化问答式服务。或是以用户为中心,以人力资源为媒介,以互联网为基础,集各地数字化参考信息源和咨询专家于一体的问答式服务。它是网络环境下传统参考咨询服务的延伸和拓展。

数字参考咨询是在原有传统参考咨询服务基础上,借助 Internet 为用户提供的一项新的服务项目。其服务形式有:E-mail 及 Web 表单服务;FAQ 服务;网

上咨询解答；网上用户教育；特色数据库建设与服务；本馆资源导航、学科导航和网络导航；馆际互借及文献传递服务等。

（1）E-mail 及 Web 表单服务。这是最早开展的一项网上咨询服务，也是目前网上参考咨询服务的主要形式。单向交流的电子邮件服务是一种简单的解答式服务，但有时实时在线交互服务也采用 E-mail 来传送答案。除简单的 E-mail 问、答服务外，还有一种方式就是在虚拟咨询台上设置 Web 表单，用户通过填写 Web 表单来提问，这种方式多用于网站中调查问卷及咨询提问之中。它要求用户咨询一个问题，必须准确填写图书馆网页上已经制作完毕的表格，然后提交。这种方式的优点是能够让用户提出的问题具有准确性且信息面广，对问题的解决更有帮助。如上海图书馆的 Web 表格设计得较为详细，其内容包括：①提问专家；②您的姓名；③您的 E-mail 地址；④提问用途或背景；⑤提问主题；⑥提问内容；⑦现有资源；⑧您是否是上海市中心图书馆注册读者等。当然，最后咨询人员的回答也大多是通过邮件方式实现的，但在表格处理中，有一定的数据库支持，有详细的用户问题备档及信息跟踪。

（2）FAQ 服务，即常见问题解答。这种方式是以用户访问图书馆普遍遇见的问题为主。如如何办理借阅证的手续？如何查检 OPAC 系统等。FAQ 库具有用户使用重复率高、内容相对稳定、问题难度不大等特点，是图书馆向用户提供的指导性咨询库。如武汉大学图书馆的"读者服务"、深圳南山图书馆的"南图指南"、南开大学图书馆的"读者指南"等均属于 FAQ 服务。目前的 FAQ 服务，大都只能浏览，少部分能提供检索，因此，最好把 FAQ 做成数据库，提供浏览和检索两种查询方式。

（3）网上实时咨询服务。实时咨询服务方式是让用户以电子方式提交咨询问题，然后咨询员立即回复用户，传送答案。如聊天式咨询服务（Chat Reference），它主要是以文本方式传送信息。一般有专门的聊天软件作为支撑，这种软件类似于可定制的私密聊天室。一般在图书馆主页上有聊天咨询服务的入口，用户通过输入用户名和密码等进行身份认证后，即可进行服务交谈。操作人员可以同时与几名用户进行交谈，了解问题，提供解答，这个过程中工作人员可以引导用户进行一些信息资源的查询，了解用户查询的过程，并可将自己所查询的结果、页面信息及事先准备好的材料粘贴传送给用户。这种方式的最大优点是其即时性和交互性。用户只要能上网，使用用户名与密码进行登录，即可以提出问题，得到即时解答。

（4）专题库与特色库服务。专题库和特色库，即根据热点问题和馆藏特色，搜集有关的文献信息资料建成数据库，向用户提供全文、书目、链接等服务。前者，如国家图书馆的"知识经济文萃"、北京大学图书馆的"热点话题"；后者，如武汉大学图书馆的长江资源数据库、四川大学的巴蜀文化数据库、西安交通大学的钱学森特色数据库及黄冈师范学院馆的苏东坡文学研究特色数据库等。专题库与特色库的建设除了重视地方文献信息的开发和利用，为地方发展服务，还应以资源共享为目的，走协作共建的道路。CALLS 即中国高等教育文献保障系统建设的 20 多个特色数据库和中心设在国家图书馆的"全国文化信息资源共享工程"，是两个具有深远影响的全国性文献信息资源共享工程。广东省公共图书馆建立的"广东省网上图书馆"网站，是地区性文献资源共享协作的示范。

（5）文献传递及馆际互借。20 世纪 90 年代，真正进入了文献传递的年代。由于网络技术、通信技术和数据库技术的发展支持，也由于图书馆馆际互借系统、馆际文献传递系统和文献传递服务软件的开发利用，使得电子文献传递服务进入全盛发展时期。这是一项在传统图书馆工作环境下无法充奋发展的项目，网络技术为我们提供了资源共建共享的条件，OPAC 查询使我们能够相互了解彼此的馆藏资源，通过发送 E-mail，读者可向收藏单位索取原文，有利于文献传递及馆际互借工作的开展。省内多数图书馆都为读者提供办理"通用借书证"服务，CALIS 成员馆还可为读者提供免费获取成员馆馆藏等服务。这是目前数字参考咨询服务工作开展得较好的一项工作。

（6）网上用户教育。该项目是目前上网图书馆普遍开展的参考咨询服务项目，其主要内容是图书馆采用光盘数据库检索、镜像站服务器资源检索以及 Internet 知识和网络信息资源检索等对用户实施教育。

三、现代图书馆参考咨询服务的优势

数字参考咨询服务的特有优势：①超越时空限制。数字参考咨询服务突破了时间和空间的局限，读者可以随时随地查询图书馆信息，寻求问题的解答。同时，参考咨询馆员与读者也突破了一对一的传统模式，变成一对一、一对多、多对一、多对多的多模式。②及时快捷而不被干扰。数字参考咨询服务，读者能够及时快捷地利用而不被干扰，无须面对参考咨询馆员，也并不担心自己的问题是否会让别人厌烦。其结果是读者乐意，参考咨询馆员也因此可以节省时间和精力，去研究解决那些富有个性化特征的问题。③咨询解答的可保存性。数字参考咨询服务的另一个优点在于可保存性，对于一些口头的咨询答案，读者可能并不完全理解或易忘记，而数字参考咨询服务是有记录的，答案却可以让读者保存下来，参考咨询馆员也可以保存记录，作为以后回答类似问题的参考依据，或是积累成为 FAQ 的充实。④信息提供更具权威性。数字参考咨询服务克服了传统参考咨询独立运作、缺乏信息资源共享的不足，实现了服务方式的系统化。同时，读者有时间充分思考和组织其提问，参考咨询馆员也有时间更深入、仔细地考虑解答。而且，越来越多图书馆之间的广泛合作，使数字参考咨询服务提供的信息更有明确性、可用性和权威性。⑤从被动服务到主动服务。传统的参考咨询是参考咨询馆员在图书馆咨询台等候读者提出问题，然后给予解答。在网络环境下，更强调提供可检索的、高质量的服务，实现虚拟的"当地一站服务"。图书馆还应发挥自己的优势，主动对相关学科领域的网络资源进行汇总和整理，以便读者利用。这种主动式的参考咨询代表了现代管理的方向。⑥完善数字参考咨询系统。数字参考咨询系统，是为数字参考咨询服务提供技术及资源保障的系统。越来越多的图书馆，从提供一种或几种数字参考咨询服务方式，到将各种服务方式与相关网络资源整合，形成更加完善的数字参考咨询系统。

四、网络环境中图书馆参考咨询服务的对策

1. 构建网上参考咨询的保障体系

网络环境下，从参考咨询信息源的种类、用户信息需求的广度和深度来看，应建立馆藏书目、馆藏特色数据库、光盘数据库和网络数据库资源为一体的参考咨询信息源保障体系。建立馆藏书目就是以数字方式存储的馆藏图书信息和期刊信息数据库，以馆藏公共查询系统供读者通过联网或在馆内查询本馆的书目。建立馆藏特色数据库，就是以具有优势的馆藏文献为依据而建立的数据库。建立光盘数据库，就是要根据本馆的特色和需求收藏各种光盘数据库。建立网络数据库，就是要提供与读者需求有关的网上数据库。以上四种参考咨询信息源在参考咨询中的地位和作用是相辅相成、相互促进的，它们共同作用并构成网络环境下参考咨询信息源的保障体系。

2. 开展网上导航工作

在网络环境下，为了能提供专业性较强、具有高附加值的信息，不仅需要从网上获取信息，还要通过评价来选择信息、整理信息，并引导用户在网上航行。这就是网上导航工作。虽然数字化资源的集成会逐步深入，但相对于日益发展的

信息量而言仍然微不足道。现代图书馆的参考咨询仍然需要网上相关信息站点的导航与链接。与参考咨询的知识体系相匹配，图书馆应提供专题的、权威的、尽可能是免费的网上站点导航，同时需要将网站导航与各类咨询专题信息集成在一起。在读者向图书馆咨询员提出咨询请求前，既可以自行检索咨询，也可以到链接的相关网站中搜索，或选择进入其他咨询系统。这样，可以帮助读者用较少的时间和费用，便捷地找到所需的信息，获得较好的效果。

3. 加强馆际交流与协作

信息资源的迅猛增长、广泛分布与读者咨询的普遍性和深入性形成了大量、复杂的咨询需求。当咨询人员由于自身知识结构、本馆基础资源的局限而无法解答读者复杂的问题时，合作化的参考咨询服务就显得非常重要，这也正是在知识飞速膨胀的今天，合作建立现代知识服务体系的重要性所在。当联合目录、馆际互借体现了图书馆合作并取得了显著的效益之后，咨询合作必将成为读者服务中最为突出的图书馆合作领域。联合编目是开展各类读者服务的基础，而馆际互借也可以看成咨询体系中文献多元化服务的一种形式。网络时代，图书馆必须迎接挑战，建立合作型、外向型职能机构，其最终目的是集图书馆的合力向用户提供最完美的答案。

4. 提高参考咨询人员的综合素质

网络信息时代，全新的信息载体、全新的读者需求理念、全新的咨询内容和全新的咨询要求，参考咨询人员必须完成全新的角色转换。这就要求参考咨询人员不仅要有对咨询工作的浓厚兴趣、对读者的亲和力，而且要有全新的咨询技巧和比较广泛的学科知识。因此，图书馆应抽出一定的时间和资金用于服务人员的培训，提高他们的工作能力，鼓励他们创造性地开展服务。这种培训形式是多种多样的，根据咨询馆员的岗位特点和要求分别采取脱产进修、馆内培训、经验交流等方式，培养一支具有广博知识、敏锐的信息意识、有现代信息技术和较高的信息处理能力和良好的职业道德的复合型咨询专家队伍，形成一个由各学科多专业人员组成的多能化的信息咨询机构，服务于读者。

总之，互联网的发展和普及，把信息资源的开发利用推进到一个崭新的阶段。数字化、网络化和现代化又为图书馆的参考咨询服务开辟了极为广阔的道路，使图书馆参考咨询的服务方式、服务项目和服务范围都大大突破了传统模式，使用户能够以最快的速度、最方便的方式、最低的成本获得图书馆的优质服务，从而使图书馆信息服务更加丰富多彩、富有成效。

第四节　现代图书馆的学科馆员

学科馆员制度是近年来图书馆借鉴国外经验引进的一种创新服务形式，它以提供学科化、个性化的深层次服务成为用户服务工作的发展趋势。为此国内许多高校纷纷设立学科馆员岗位，对学科馆员制度的建设与实施进行深入的探索研究，并有大量研究文章涌现。尽管学科馆员制度在国内尚属新生事物，还处于尝试阶段，但它作为一种先进的办馆理念和服务模式能够在众多高校推行，反映了我国图书馆界用户服务观念的转变，也体现了"用户至上"的服务精神。

学科馆员制度最早出现在美国、加拿大等一些欧美国家的研究型大学图书馆里，在国外已经实施多年，并取得了很好的效果。1981年，美国卡内基—梅隆大学图书馆首先推出这一服务，称为"跟踪服务"（Track Service），随后俄亥俄大学图书馆也推出了"网络馆员免费导读"服务（Network Librarian and Free Guide）。

一、现代图书馆建立学科馆员的必要性

（1）从管理论的角度。图书馆的发展越来越依赖于高水平的知识型馆员。美国图书馆界认为，在图书馆服务所发挥的作用中，图书馆建筑物占5%，信息资料占20%，而图书馆馆员占75%。

（2）从资源论的角度。图书馆资源开发必须向广度和深度迈进。早在先秦时期，藏书作为一种历史悠久的社会文化现象已经出现；20世纪50年代我国图书馆界开始使用"藏书建设"这一专业术语；随着藏书类型的变化，藏书建设从微观向宏观发展，20世纪80年代中期，文献资源建设概念开始提出和使用；20世纪90年代以后，由于信息技术的飞速发展，文献资源已难以涵盖图书馆的各类资源，文献资源建设也无法容纳图书馆资源建设的内容，因而发生了从文献资源建设到信息资源建设的转变。

（3）从服务论的角度。从面向大众的服务向面向学科的服务发展；从面向用户读者基础服务，深入到为用户有针对性地收集、提供文献信息服务；从文献服务—信息服务—知识服务；密切关注学校各专业、学科的发展现状和发展趋势，深入了解师生的文献信息需求。

（4）从需求论的角度看。从阅读需求和信息需求向知识需求发展。随着时代的发展，读者的需求发生变化，从传统阅读需求向网络阅读需求转变；据统计，国民阅读率下降，网络阅读增长；从信息需求向知识需求转变；不断出现新的信息需求、新的知识需求。

（5）从立体图书馆论看。学科馆员在图书馆发挥越来越重要的作用。图书馆从有限空间到无限空间转变；从物理空间到复合空间转变；从单一模式到多样化模式转变；从整体化满足到个性化满足转变；从以馆内为主到馆外为主；从单一馆模式到多馆合作；从数量保障到质量保障等。

二、图书馆学科馆员制度现状及职责

1. 清华大学图书馆

清华大学图书馆于1998年率先建立学科馆员制度，安排了14名学科馆员，对口与12个院系的"图情教授"建立了联系，迅速在一些院系打开了服务局面。

清华大学图书馆规定学科馆员主要针对教师、研究生层面开展工作，其职责主要是：①负责试用、评价对口院系学科的参考工具和电子资源。②定期编写对口院系学科的读者参考资料，包括利用图书馆的主题指南和新资源使用指南等。③经常性地为对口院系教师、研究生提供使用图书馆的指导和培训。④征求对口院系对图书馆资源建设（书、刊、光盘、电子资源等）、服务内容的意见和要求。⑤负责搜集、鉴别和整理对口院系学科的网络信息资源，并在图书馆主页上按学科大类建立网页链接（学科导航服务）。⑥协助对口院系教师进行相关课题的文献检索，逐步有针对性地为教学和科研提供定题服务和决策参考服务。

2. 北京大学图书馆

北京大学图书馆于2001年4月份开始实行学科馆员制度，10名学科馆员隶属咨询部。制度实施初期，每名馆员立即与有关院系的联系人取得联系，向所有教师发出一份电子邮件，介绍最新电子资源和有关学科专题指南。在学科馆员的积极沟通下，咨询部针对具体院系开设学科网络资源检索课程。该馆还开设学科馆员的培训课程，派人到香港科技大学学习网上培训的技术和经验，并邀请数据库开发公司为馆员开设培训讲座。

北京大学图书馆在其图书馆网站上公布了该馆11个学科馆员（自然科学5学科由5个学科馆员分管，人文社会科学6学科由6个学科馆员分管）的工作动态。其职责主要是：① 与对口院系老师、研究生建立联系、相识沟通、了解需求、征求意见。②为对口院系发送有关图书馆最新服务、最新资源的宣传材料（包括书面、电子邮件型的），举办如何利用图书馆各类文献信息资源的讲座。③为对口院系师生代为检索有关学科书目，编撰馆藏或非馆藏的专题文献目录、相关学科专题中外文电子期刊目录。④搜集整理相关学科的各种网络信息资源，并推荐给师生。

3. 武汉大学图书馆

2002年武汉大学图书馆、中国地质大学图书馆、南开大学图书馆开始实行学科馆员制度。武汉大学四校合并后，在新武汉大学图书馆集中统一订购中外文书刊的格局下，外文期刊订购的新增推荐工作首次实行学科馆员参与文献订购的试点。14位具有专业学科背景的学科馆员参与了2002年度的增订工作，学科馆员在了解馆藏情况、收集需求信息、汇总与查重、评价与筛选等方面做了大量富有成效的工作。试点证明，学科馆员对采购工作有很大的促进，也为今后图书馆文献资源建设提供了一个很好的模式。

据同济大学科技情报所陈建华统计，288所高校主页，40所高校已设立学科馆员（或咨询馆员、在线咨询员），1所准备设立学科馆员，这41所高校占被调查的14%。可见，比例并不高。

在40所设有学科馆员的图书馆中，只有21所对学科馆员的职责进行了明示，其中有17所明确地将学科馆员的职责以条款形式列出。条款数最少的仅3条，如中国农业大学；最多的有9条，如北京航空航天大学。显然，各图书馆对学科馆员的职责范围的理解是不尽相同的。考虑到清华大学在我国高校中的影响力，又因为它是最早设立学科馆员的学校，所以可以认为，清华大学图书馆对学科馆员的定位代表了我国图书馆的主流思维。事实上，不少有关学科馆员的论文曾一字不改地引用过这些条款。

总的看来，这些图书馆根据各自的具体情况制定的条款呈交叉重叠而各有延伸的状态，所以，如果将它们综合起来看，学科馆员就成了几乎样样都管的岗位。

三、图书馆学科馆员的发展前景

2002年，Wilwestson就曾在《自然》（Nature）上撰文指出，网络能够弥补图书馆的不足，但不能取代图书馆。因为许多你想要的文章往往是无法免费从网上得到，而且网络也不可能向你提供一个熟练的专业图书馆馆员可以提供的服务。

悉尼大学的 John Rodwell 在《恐龙还是发电机》一文中也明确表示，学科馆员不会因为网络的发展而成为日趋灭绝的恐龙，相反，应该成为更有用武之地的发电机。

从我国高校的具体情况来看，学科馆员其实已相当于具有高级职称的图书馆馆员，而其部门归属不确定和名称的不确定则正说明了这一点。我们现在是把本应称为咨询馆员、联络馆员、信息检索员、教学辅导部教员的馆员，都统称为学科馆员，所以，把他们归属于任何一个部门、分属不同的部门乃至成立一个独立的部门都是可以的。而那些未设立学科馆员岗位的图书馆，其实也并非没有被我们称为学科馆员的岗位，只不过没有这个名称而已。学科馆员本质上应该是联络馆员，他们应该有能力做指定给学科馆员的所有工作，但不是将所有这些工作全盘通吃，而是将主要精力放在学科联络上。这也是国外出现学科馆员的初衷。笔者认为，这样的学科馆员应该还其联络馆员（academic liaison）的名称。真正意义上的学科馆员，应该是参与学科专家们的学科论文撰写的馆员。这样的学科馆员显然需要较深厚的学科专业知识。而非此意义上的学科馆员，学科专业知识要学一点、懂一点，但不应过分强调。因为，一是隔行如隔山，学科知识太专业化，稍有间隔就不能称行家；二是学科知识老化得太快，学无止境，专家远远只是少数，与其事半功倍地攻弱项，还不如扬长避短地强化自己的强项。

四、图书馆学科馆员队伍建设

1. 学科馆员素质的提高

学科馆员队伍的成长和形成，不是一蹴而就的短期行为，而是一个长期的过程。首先，建立有计划、有重点的人才培养计划及人才培养机制。在深入了解高校的专业设置和学科发展方向的基础上，确定重点学科的学科馆员人选，形成合理的人才梯队，努力营造一种有利于优秀人才成长和发挥作用的良好氛围。其次，加强学科馆员的培训，使其形成终身学习理念。举办定期和不定期的学术讲座，邀请专家教授举办现代信息技术和网络技术方面的讲座，及时了解对口学科的国内外最新动态，搭建人才成长和交流的平台；定期选派人员到大学进修，学习先进的信息服务理念、文献资源开发技能；学科馆员自身也要不断充实自我，提高综合素质，适应新形势的发展需要。再次，鼓励学科馆员参与科研课题的申报立项和组织实施，促进理论与实践的有机结合，使学科馆员在实践中得到锻炼，唯有学科馆员融入教学科研中，成为教学科研人员的伙伴和向导，才能促进教学和科研的极大发展。最后，聘请部分院系的教授担任图书馆兼职学科馆员，在有些学科暂时没有合适的学科馆员人选时，可以聘请部分院系的教授或学术带头人担任图书馆兼职学科馆员，直接参与图书馆的相关工作，与图书馆工作人员共同建立起若干学科的采访研究小组，从而提高图书馆的服务能力。

2. 学科馆员团队建设

学科馆员制度的建立，离不开一支高素质的学科馆员队伍。把学科馆员组作为团队来建设，具有重要的现实意义。团队是指一些才能互补、团结和谐并为负有共同责任的统一目标和标准而奉献的一群人。团队不仅强调个人的工作成果，更强调团队的整体业绩。

（1）制定共同的目标。共同讨论，集思广益，这不同于以往上级布置什么任务，下属就被动地去完成。每位成员都积极参与，花费充分的时间、精力来讨论、制定共同的目标，这一过程会使每个团队成员都能够深刻地理解团队的目标。

（2）将目标具体化。将共同的目标分解为具体的、易执行的行动目标。这一行动目标既能使个人不断开拓自己，又能促进整个团队的发展。具体的目标使得彼此间的沟通更畅通，并能督促团队始终为实现最终目标而努力。

（3）明确角色和责任。进行每位成员的角色定位，加强每位成员的整体荣誉观，使各成员在这个环境中都感到自己应对团队的绩效负责，为团队的共同目标、具体目标和团队行为勇于承担各自共同的责任。

（4）创造和谐、融洽的氛围。一个团结的群体是成功的先决条件。每位学科馆员虽然分工不同，但彼此之间应该互相支持、善于沟通、互帮互助。

（5）齐心协力。在目标明确的前提下，团队成员应为实现团队目标做出共同的承诺，为着共同的目标而努力工作，并在工作中相互协调配合。

（6）建立评估体系和激励机制。对于评估体系，应该是既有针对整个团队又有针对每位成员的。根据团队成员共同制定的目标和具体工作计划，进行分阶段的评估。评估的目的是：促进团队工作业绩，让成员了解工作进展情况以及明确要做的工作，鼓励成员提高能力和进步，促进成员之间的交流，纠正行动上的偏差，培养成员的主人翁责任感。

学科馆员的工作是一个长期的任务，除了要做好初、中级目标中所订的任务之外，还要主动了解对口院系的科研课题，协助教师进行相关课题的文献检索，为教学和科研提供定题服务和决策参考咨询服务；如对口院系有建立分馆或资料室的需求，协助工作并提供藏书建设方面的咨询和指导。

五、学科馆员在重点学科建设中的作用

科学技术的进步、网络技术的发展,引发了学科建设对图书馆的依赖性。图书馆是学科建设的文献信息中心,在大学中,学科馆员已成为重点学科建设体系中一名重要成员;学科馆员深入各学科领域,对该学科建设及发展方向、发展目标、未来发展动态及最新研究成果进行全程跟踪,主动为学科建设与发展提供深层次服务,协助各学科解决科研中存在的各种问题。因此,学科馆员对提高信息资源利用率,实现图书馆服务创新,促进图书馆参与学科建设有着重要意义。

1. 收集、整理、开发和利用学科信息资源

(1) 建立学科用户信息库。学科馆员是图书馆与对口学科用户进行双向联系的纽带和桥梁。为全面科学地为各学科服务,图书馆各学科馆员需要建立全面的学科用户信息库,建立该学科所有副高职称以上专家和主要科研骨干教师用户档案;用户档案内容应包括专家的学术专长、最新研究课题、E-mall 地址和其他联系方式等,并对信息库内容及时更新。在建立学科用户信息库过程中,学科馆员应走出图书馆,到各学科师生中,了解其教学科研进展情况、学术活动开展情况以及对文献信息需求情况,尤其是了解重点学科研究内容、任务、学科组成员基本情况,定期召开本学科师生代表座谈会,听取他们对学科文献资源建设的建议和对学科信息服务的要求,共同商议学科文献信息资源建设方向和信息服务项目,及时跟踪本学科建设进展和科研动态。

(2) 优化学科馆藏文献资源建设。图书馆应根据学校办学方向和学科建设计划,合理布局馆藏,大力收藏那些优势明显、影响力大、发展迅速、成果显著的重点学科文献,保证重点学科在学校的教学、科研中发挥龙头作用,带动和促进其他学科的快速发展。尤其是在有限采购经费的前提下,优先保证重点学科的文献资源配置。学科馆员要主动协助采访部门,优化本馆学科文献资源的采集与建设工作。在掌握本学科的建设计划、科研计划和承担重大课题的前提下,及时提出本学科馆藏文献资源建设方案,向采访人员提供采购建议及必要的信息源。根据本学科领域国内外研究动态,负责组织本学科馆藏文献资源的搜集、筛选与采集;对本专业学科的学术专著、专业学术期刊、学术会议文献、学位论文等文献资源进一步归纳整理;从网上搜集、筛选、整理本学科的学术信息,建立与充实本学科的资源信息库;定期开展形式多样的有关本学科馆藏资源利用情况的调研,拟写调研分析报告,促进本学科馆藏资源建设的优化。

（3）建立学科信息导航库。

①编制学科信息检索工具，建立学科信息导航系统。建立学科信息导航系统的目的就是充分发挥网络和网络资源的功能，使各学科教学科研人员通过校园网和 Internet 获得相关文献信息及服务。编制学科信息检索工具，由网络技术人员制作学科专业搜索引擎，依托成熟的校园宽带网络，为重点学科建立专业信息导航网站，该检索工具核心就是建立重点学科资源智能导航系统。使重点学科的专家学者通过专业导航网站，迅速、快捷、方便地利用网上专业信息资源，随时掌握学科前沿和最新学术动态。学科专业搜索引擎不仅可以搜索到许多不同类型的专业网站，而且还可以搜索到大量学科资源，如学科专业图书、期刊的网站网页、各国科研机构及专业图书馆的网站网页、学科教育机构网站网页、学科学术活动（会议、展览、讲座）、学科科研成果和正在进行中的科研项目的网站网页、网上学术论坛、国内外本专业专题数据库等。

学科馆员要及时针对各种载体的学科专业信息资源进行收集与开发，及时收集和报道与本校相关的学科研究现状及最新进展，及时通告图书馆新资源、新服务，定期编写、更新相关学科的读者参考资料，定期在网上发布文献信息，并在图书馆主页上建立学科网络导航，按学科进行电子资源整合与链接。

②建立学科信息数据库。科学利用馆藏资源和网络信息资源，可以使教学科研人员及时了解国内外学科研究和发展动态，掌握最新研究信息，对学科建设与发展起着重要作用。但是，网络环境下，信息资源增长迅速、内容多样，用户要想从浩瀚的信息源中查检到相关资料往往十分费力，因此，开发建设学科文献数据库，学科馆员将全部信息源进行科学分类，如建立专题数据库、文摘数据库、开发研究数据库、综述数据库等二、三次文献，利用互联网上的信息资源并结合图书馆数字化资源数据库，定期通过校园网发送到各重点学科，供专家学者使用，方便他们有效地了解、获取本专业前沿信息和最新动态。

2. 对各学科开展专业化信息咨询服务

学科馆员是在参考馆员制度基础上发展起来的新服务模式。学科馆员以某学科带头人、知名教师为主要服务对象，发挥学科馆员文献信息资源的检索、组织及综合利用的能力，在科研项目和课题立项评估过程中，起到"信息咨询员"的作用。学科馆员主动参与对口重点学科教学科研活动，主动了解科研课题，代查文献资料，提供科研立项、课题论证、课题查新等服务。以积极主动的方式，以周到、深入、个性化的服务标准，为学科提供信息咨询服务，定期编写、更新本学科读者参考资料，建立网上学科馆际互借、专题咨询等多项服务，根据学科研究方向，对学科使用的相关数据库进行功能特点的比较研究，有针对性地为研究人员推荐学科专业数据库及其相关信息资源。

3. 对各学科开展情报研究服务，全程跟踪学科研究

情报研究服务是学科馆员根据学科的发展和需要而提供的针对性服务，是对学科提供增值信息服务的过程。学科馆员在详细了解各学科科研现状和科研课题等情况下，协助对口学科教师进行相关课题文献检索，有针对性地为教学科研提供课题查新、资料编译、情报咨询和定题研究等深层次服务，在广泛收集各种信息资源基础上，对学术前沿、热点问题、代表论著、新观点等进行收集、分析、研究，经过分析整理、综合归纳等加工，给对口学科编写快报、综述等文献，使对口学科教师能够及时地了解某一学科最新研究动态。图书馆应对科研项目实行全程服务，学科馆员全程参与学科研究的立题、立项、课题研究、结题及成果鉴定，并根据不同阶段提供不同文献资源支持，有效提高各学科开展科研积极性和科研工作效率。

六、学科馆员在科研选题中的作用

1. 学科馆员在科研选题中的优势

科研选题是科研工作的起点，包括选题调研、选题论证和选题审批。选题调研和选题论证是图书情报部门多年来所开展的立题查新工作，也就是在普查文献和信息调研的基础上，对立项的实效性做出准确的评价，使科研人员和科技管理部门能较全面地了解立项的国内外研究动态和水平，避免低水平重复研究，使立项有可能站在最新的起点上，以提高立项的水平和立项的获准率。学科馆员熟悉各种数据库的文献信息、检索方法和检索技巧，与科研人员相比，更具备查询信息的优势，无论是检索语言的选择还是检索工具的使用都比科研人员更有条件。

2. 协助科研人员做好科研选题

科学研究工作的首要环节是选择研究课题。选题恰当与否，直接关系到科研进展的快慢、成果的大小及工作的成败。选题也是衡量科研人员科研能力的重要指标之一。提出课题比解决课题更困难，所以评价和选择课题便成了研究战略起点。因此，学科馆员应协助科研人员研究科研战略、科研方法，力求选题正确、选题恰当、选题最佳。

（1）选题要具有前沿性。选题的起点水平要高，学术思想要新，要站在学科的前沿，善于将客观需要同本学科、本专业的发展有机地结合起来，要重视从学科的交叉渗透之间选题。

（2）选题要注重有效性。并非一切新东西都是有用的东西，但人们有目的、有意识创新得出的东西必须具有新的功能和用途，能解决某个老问题满足新要求。

（3）要坚持系统性。创新不是某个偶然的一时的新想法，而是经过深思熟虑和系统研究后得出的结果。创新就要构造出具有一定价值和前所未有的东西，它是对未知世界不断研究探索的结果，所以，有一个形成和发展的过程。一般来说，创新要经过以下三个阶段：第一阶段是新想法、新观点和新思路的产生；第二阶段是新想法、新观点的整合放大，条理化、系统化，经过实践检验、修正，完善成为一个相对完整的思想理论或方法体系；第三阶段是成果投入市场，进行推广为社会所接受，产生社会效益和经济效益。因此，所有创新均具有系统性。

3. 学科馆员跟踪科研过程

科研人员的课题选定后，学科馆员要经常与课题研究人员联系，在摸清研究人员信息需求的基础上，全面系统地搜集信息资源；掌握课题所涉及的学科范围及其相互关系，弄清课题研究中急需解决的问题，据此确定检索工具、检索范围和检索途径；全面了解研究人员的科研计划和他们所需要的文献的深度、广度，有针对性地筛选信息，剔除虚假、过时的信息，及时提供具有指导性、建议性的信息资料，在科研遇到困难时，可通过重新检索和论证，还可通过网上论坛帮助科研人员及时解决问题。

（1）广泛收集资料。收集资料首先要了解你所服务对象的业务需求，确定收集资料的范围。确定范围的标准应该是以当前本系开设课程为依据，预测本系专业的发展趋势，要有计划、有目的、有针对性地系统地收集有本系学科特点的图书资料。

（2）做好资料筛选和整理。文献资料的积累是资料室的基本建设，这是一项长期的艰苦细致的工作，没有这个工作，资料工作为教学科研服务就不能落到实处，情报服务就成了无本之木、无米之炊。而认真鉴别和筛选所收集的文献资料又是提高资料质量的重要一环。

（3）针对科研课题，搞好专题服务。根据本系专业的教学内容和科研课题的实际需求，围绕某一专题，连续不断地进行文献资料的服务工作。这种专题服务方式有明确的目的性、针对性和主动性。图书馆馆员应该有的放矢地做好个性服务，根据不同读者的不同需求，提供相应文献资料。资料员应该通过各种途径去了解读者的不同需求。

现代化信息服务的理念是在现代化信息技术与网络技术的发展下产生的，也是图书馆参考咨询工作走向现代化的最终目标。而现代化信息服务区别于原有的参考咨询工作的根本点在于变被动服务为主动服务，具体体现在以下几方面：一是服务内容的增加。在参考咨询工作原有咨询服务的基础上，新增定题服务、书目服务、调研服务、宣传服务、培训服务等多方面的信息服务内容，充分利用图书馆可利用的信息资源，从多方位多角度为读者提供主动服务。二是服务手段的进步。三是服务方式的改变。首先由被动等待读者改为主动与读者接触，包括了解用户的现状与需求、向读者宣传图书馆的服务、为读者举办各种与利用图书馆有关的培训、征询读者意见以改进自己的服务等。其次就是要将仅限于参考咨询部的工作发展成为全体图书馆馆员参与的工作，便于随时随地为读者提供所需服务，并将仅限于馆内的信息服务延伸到馆外，甚至成为科研课题的直接参与者，将图书馆的主动服务辐射到社会的每一个角落。

在提高信息服务主动性的同时，还应提高馆员自身的信息服务技能，光有热情没有水平是不行的。随着现代技术的发展，馆员自身要系统地接受在职教育，不断更新知识，才能适应不断发展的信息服务的要求，才能按照读者专业的不同、类型的不同，分专业、分层次将不同的信息提供给读者。过去那种认为图书馆是照顾家属子女、体弱多病者的"疗养所"的思想已经过时，并且应该摒弃。图书馆应努力建设成为高水平、高质量的信息服务中心，同时拥有一支高水平的信息服务队伍，而服务观念的变化是信息服务的前提。

学科馆员制度是图书馆信息服务发展到一定阶段的必然产物，是与现代图书馆发展相适应的一项新举措。学科馆员制度的建立与实施是一个长期而艰巨的工作，不可盲目地模仿和套用，因此，各图书馆应从实际出发，根据各自的具体馆情，在实践中不断地总结与提高，逐步完善学科馆员制度的建设。

第五节　现代图书馆的知识服务

图书馆作为社会文献信息中心，不仅应关注信息资源的搜索与获取和知识信息的组织与开发，而且要重视知识的需求与应用，开展基于高速信息网络的知识服务，这是现代图书馆工作的出发点和归宿。

图书馆传统的信息服务是指机构或有关部门将收集到的信息经过加工、处理，利用各种手段和方式为社会和本机构内部提供信息产品和服务，以满足信息需求的一种有组织的活动。它是为解决社会信息现象的复杂多样性和社会信息的无序性与人类需求的特定性之间的矛盾而产生的，它的目的就是使人们能够在特定时间获取所需要的特定信息。在现代社会，一切活动都离不开信息的开发和利用，都需要有相应的信息服务提供信息保障。

一、图书馆知识服务的内涵

知识服务首先是一种观念、一种认识和组织服务的观念。从观念上看，知识服务之所以不同于传统信息服务，至少在于：第一，它是用户目标驱动的服务。传统信息服务的基点、重点和终点是信息资源的获取和传递。知识服务关注的焦点和最后的评价则不是"我是否提供了您需要的信息"，而是"是否通过我的服务解决了您的问题"。第二，它是面向知识内容的服务。传统信息服务是基于用户简单提问和基于文献物理获取的服务。知识服务则非常重视用户需求分析，根据问题和问题环境确定用户需求，通过信息的析取和重组来形成恰好符合需要的知识产品，并能够对知识产品的质量进行评价，因此又称为基于逻辑获取的服务。第三，它是面向解决方案的服务。传统信息服务往往满足于具体信息、数据或文献的提供。知识服务则关心并致力于帮助用户找到或形成解决方案。因为信息和知识的作用最主要体现在对解决方案的贡献，解决方案的形成过程又是一个对信息和知识不断查询、分析、组织的过程，因此知识服务将围绕解决方案的形成和完善而展开。第四，它是面向增值服务的服务。知识服务关注和强调利用自己独特的知识和能力，对现成文献进行加工形成新的具有独特价值的信息产品，为用户解决他的知识和能力所不能解决的问题。它希望使自己的产品或服务成为用户任务的核心部分之一，通过知识和专业能力为用户创造价值，通过显著提高用户知识应用和知识创新效率来实现价值，通过直接介入用户过程的最困难部分和关键部分来提高价值，而不仅仅是基于资源占有、规模生产、"劳务"服务等来体现价值。

二、图书馆知识服务的方式

除了观念变化外，图书馆知识服务的方式也发生了根本转变。首先，它融入用户之中和用户决策过程，要求服务人员和用户的联系更明确、更紧密，要求像特聘法律顾问、主管医师、项目监理等一样形成有形的具体的"用户的服务人员"关系，要求建立针对具体用户或用户过程的服务责任制。其次，它是基于分布式多样化动态资源的系统服务，而不是基于固有资源或系统的服务。它是虚拟化的服务，充分调动和集成各种资源、系统和服务来支持知识服务的功能和过程，因此它不属于也不局限于某一个图书情报系统。再次，它是基于集成的服务，而不是依靠大而全的系统或服务。它通过开放式服务模式，通过系统集成、服务集成、团队工作等多种方式联合、协调，利用多种知识、资源、人员、系统、服务来组织和提供知识服务。最后，它是基于自主和创新的服务，不再是标准化和事务性工作。它要求图书馆工作人员根据每一次的实际情况动态地搜寻、选择、分析、利用各种知识，动态地设计、组织、安排和协调有关服务工作和产品形态，要求他们具有自主的管理意识和权利，具有创新精神、研究能力和管理能力，同时要求开展知识服务的图书馆建立相应的组织管理机制。

三、图书馆知识服务的运营模式

1. 基于分析与内容的参考咨询服务

这种服务以图书馆参考咨询服务为基础，将咨询服务的阵地置于图书情报服务的前沿和中枢来体现其中心地位（前沿化和中枢化），通过将咨询人员按专业分工来保证他们对专业知识和专业资源的把握（专业化），通过按咨询问题类型分工来促进核心咨询服务的分析性和智力内涵（智力化），通过集成化地组织馆内外咨询资源和技术系统来提高咨询服务的效率（集成化），通过提供强有力的分析组织技术与工具来保障咨询服务对内容的有效分析和对信息的重组（内容化），通过稳定的个人化的经常性接触和跟踪服务来建立用户对咨询服务的信任。

2. 专业化信息服务模式

这种模式按照专业领域来组织图书情报服务和信息服务，从而提高信息服务对用户需求和用户任务的支持力度。例如，国外许多大学图书馆实行的垂直组织方式，打破按照业务流程安排人员的方式，让具体图书馆馆员全面负责一个专业领域的信息资源建设分析组织、参考咨询、用户教育等工作。

3. 个人化信息服务模式

强调针对具体用户的需要和过程提供连续的服务。这种模式一方面体现在参考咨询等以解决用户的具体问题为基础的灵活服务中，另一方面也将融入系统和组织体制中。例如，建立图书情报系统的个人化界面（与搜索引擎的个人化主页相似），针对具体用户提供专门的"系统"界面，如在用户接入系统时为具体用户提供动态的量身定做的新书通报、定题选报、新闻服务。开发信息服务系统的个人化处理功能，根据用户知识和使用的情况分析检索要求，优化检索过程，选择检索结果，并将个人化界面和用户利用的其他服务集成起来，形成"个人图书馆"。协助用户开发个人化的信息资源系统，并利用图书情报机构的系统能力支持或联结这类信息资源系统，如专业化信息导航系统、专题信息产品及其支持系统等。许多图书馆已经开展的为专家或课题组的专门信息服务，也是个人化信息服务的有效形式。

4. 团队化信息服务模式

由于知识服务对知识和能力的要求，知识服务往往是依靠多方面人员形成团队来开展。例如，将资源开发、信息组织、参考咨询、用户教育和信息技术等方面人员组织成工作小组，或者将不同专业领域甚至不同图书情报机构的信息服务人员组织到团队中；或者吸收用户或外部专家参加团队，利用多方面知识来提供专业学术活动配备信息助手，当然这需要长期和良好的服务质量来赢得用户信任并保障有效交流。

5. 知识管理服务模式

知识管理服务模式，即从用户目标和环境出发，进行知识的收集与捕获管理。包括：对外部知识的跟踪、搜索检索和获取，对内部知识——尤其是隐含知识的跟踪和捕获；进行知识的组织和检索管理；利用信息技术和数据库技术，在纷杂的信息流中发现新的知识点及知识间的联系，将其组织到按照一定知识体系组织的数据库中，并通过计算机技术和网络技术使员工能方便地检索有关数据与知识；进行知识交流和知识匹配传送管理，通过数据库、计算机群件系统、工作流控制系统等方法，促使员工的问题和知识更方便地被其他员工所知晓和利用；促进员工间及时广泛地交流和共享知识，促进知识寻求者与知识源之间、知识寻求者与知识提供者之间的及时准确的匹配和传送；进行知识共享和知识创新环境的管理，建立和发展各种管理手段和机制来鼓励员工共享知识和进行知识创新。

当然，有效的知识服务将是上述各种模式和其他可能模式的动态选择与组合。需要指出的是，图书馆知识服务并不排斥以藏书建设、文献编目、检索、流通阅览为基础的传统服务，更需要网络化信息服务。只不过这些服务将不再体现图书情报工作的核心能力、专业取向和标志性内容，将主要作为辅助性的后台服务来支持知识服务，而知识服务将是我们的发展杠杆、竞争基础和效益之关键。

第六节　现代图书馆的个性化服务

互联网信息技术在全球的迅速发展使广大读者对数字图书馆个性化信息服务产生了巨大需求。个性化服务是数字图书馆发展的重要趋势，是吸引用户参与数字图书馆的关键所在。所谓"网络个性化定制服务"，是指按照单个特定用户的偏好、习惯等开展信息服务，通过网络提供个性化服务，将用户感兴趣的信息推荐给他们，进而满足他们的个性化需求。目前，互联网所提供的个性化信息服务主要通过个性化信息定制和系统预测的方法来实现。个性化信息定制服务是指用户按照自己设定信息的来源方式、表现形式，选取特定的系统服务功能的图书馆信息服务模式。国内一些图书馆网站已经开始运用网络个性化服务技术，并初步取得了一些成果，由此，图书馆个性化服务也显示出较大的活力和发展潜力。

一、个性化定制服务的主要内容

1. 系统界面定制

系统界面定制包含界面内容定制和界面结构定制。界面内容定制主要是对各个信息或服务模块的具体内容进行定制。界面结构定制指对系统界面总体模块类别和布局形式的定制。用户自己不仅可以定制系统界面的总体模块类别和布局形式，而且可以对各个信息或服务模块的具体内容进行定制，从而真正实现个性化信息服务。

2. 系统资源定制

系统资源定制服务可根据用户的具体特征和需求，事先组织、分类、聚合自身的文献信息资源并提供服务。定制性信息处理平台将采用最新 Web 数据库、智能代理、数据推送等技术，对具体用户所需的系统界面、资源集合、检索工具与技术、检索利用服务过程、检索结果等进行定制，实现完全的个性化信息服务，从而对数据进行集中组织、分类、索引和检索。通过导入、链接和独特的外部文件支持，可以跨平台应用环境索引，检索信息资源，大大提高信息管理与服务的效率。

3. 页面定制

Web 页面定制让用户自己选择从服务器端传送过来的信息，包括页面的内容组合、网页风格、发送形式等。页面定制在互联网上已非常普遍，如"雅虎"推出了"我的雅虎"，可让用户定制个性化主页。图书馆网站由于分类明确、层次清晰，很容易实现页面定制。

4. 网站功能定制

比较适合图书馆网站使用的功能定制有：网上书签，主要用收藏用户喜爱的网站链接地址；网上书架，主要用来保存读者感兴趣的书目信息；网上文件夹，主要用来把用户选择的文章或其他内容分类归档等。

二、个性化定制服务的主要技术

1. 数据推送服务技术

数据推送服务技术是网络信息个性化服务的支撑技术，由 Point Cast Network 公司于 1996 年提出，它较好地解决了网上盲目点击和无目的阅读问题。数据推送服务技术是一种按照用户指定的时间间隔或事件发生的需要，把用户预约范畴的最新数据自动推送给用户的计算机数据颁技术。常见的数据推送服务技术主要采用两种模式：一是频道式推送技术，即将某些网页定义为浏览器中的频道，用户可以像选择电视频道那样去收看感兴趣的、通过网络播送的信息，Microsoft Netscape 等都有自己的频道定义格式。二是邮件推送，即用电子邮件方式主动将有关信息发布给列表中的用户。数据推送服务技术在互联网上的应用是对传统信息获取方式的一种突破，减少了用户上网搜索的工作量，提高了用户获取信息的效率。

2. 智能代理技术

智能代理技术主要应用于对 Web 用户当前访问信息的在线采集及历史访问信息的获取与采集。智能代理是一种能够完成委托任务并可以快速遍历互联网，寻找用户所需要的信息的计算机系统。智能代理技术具有代理性和主动性，它能代表用户工作，引导、代替用户访问信息资源。此外，智能代理涵盖了用户需求的定义、所要进行的分析和信息资源的存储，以及信息的输入、需求匹配和结果发送等方面。该技术弥补了传统搜索引擎的不足，可以根据用户的个人偏好和反馈自动检索、自主运行、及时获取用户所需的信息，提高信息检索和推送的准确率。总之，智能代理技术的使用将大大提高 Web 信息检索的自主性、灵活性和精确性。

3. 信息挖掘和 Web 数据库技术

信息挖掘技术是对用户访问 Web 时在服务器上留下的访问记录进行挖掘，

并从中了解用户的访问模式,根据特定用户的需要,自动改进 Web 站点上的信息组织与显示。该技术可应用于 Web 个性化信息服务。Web 数据库技术具有跨平台支持传统数据库的优点,主要有完成用户登录、身份认证、数据匹配等功能,由于 Web 数据库的开发使用统一的标准 HTML,这就使 Web 数据库具有很强的适应性。而网页动态生成技术则主要根据用户的数据动态生成网页。

三、图书馆网络个性化定制服务的发展对策

1. 加强对用户信息行为的分析

初次进入系统进行定制服务之前都要进行注册,注册信息反映了用户需求的静态特征,这也是系统获取用户需求信息的主要途径之一。而对用户需求了解得越详细,定制服务的效率和准确率也就越高。因此,在注册项目的设计上应力求细致、定量、全面,使系统通过用户填写的注册项目就能掌握其大致的信息需求情况,除了用户所属学科外,还应了解职称、职务、研究课题、经常浏览的网站和书刊、最关注的主题等。例如,中国人民大学图书馆的个性化推荐系统对用户研究方向信息的提交过程设计得就较为细致而独到。

系统除了通过与用户的交互掌握其需求的静态特征外,还应利用智能代理技术、跟踪技术等随时掌握用户需求的动态变化。因为用户的兴趣是多方面的、动态变化的,所以跟踪、学习和表达用户兴趣是一个最基本也是最难以解决的问题。目前的定制服务对用户需求的获取往往是被动的、静态的,影响了用户利用服务的兴趣和服务提供的效果,因此,定制服务下一步努力的方向之一应该是采用多种机器学习方法,使系统能跟踪用户行为,学习、记忆用户兴趣,描述用户的兴趣特征,以便建立准确的个性化用户模型。

2. 重视服务效果的反馈与评估

服务效果的反馈与评估对提升服务质量是必要的。在商业网站中重视用户意见的反馈是一种普遍现象,但它在图书馆服务中却还没有引起足够的重视。事实上,个性化定制服务的效果也并不一定如服务提供者设想得那么乐观。要了解服务的真实效果,进行客观、细致的统计、分析和评估是必要的。个性化定制服务应借助一定的互动机制了解用户对信息服务的评价,或对用户信息、使用频次、用户反馈等信息进行汇总,统计系统吸引的用户类型、用户的访问频次,并进行全面的价值分析和综合判断,在此基础上评价服务效果并分析服务中存在的问题,

以此作为改进个性化定制服务方式或内容的依据，从而为用户提供持续的个性化信息服务。

3. 实行互动式服务交流

交互是开展高质量个性化定制服务的基础，有利于实现信息资源与用户需求的高匹配。为此，图书馆一方面要开辟互动空间，建构图书馆与用户之间畅通的交流渠道，通过如前所述的 E-mail、BBS 留言板、在线交流、实时聊天以及网络调查等方式，不但能使图书馆站在用户角度设计系统各项服务功能，从而提高其可用性，还能使用户及时向馆员反映使用系统过程中出现的问题，更方便用户与用户之间的交流，同时在系统中设计有推荐功能，使用户能参与到个性化定制服务系统的设计与改进过程中，这对提高系统的可用性将大有裨益。另一方面，针对个性化定制服务利用率不高的现状，图书馆还应发挥现场交互的优越性，突破网络的局限性，通过举办讲座、设置宣传栏等加强对定制服务功能的宣传和对用户的教育，借助传统的口耳相传的交流方式，使更多的用户感受、了解个性化定制服务给他们的学习、研究、教学带来的便利。

4. 实施检索帮助策略

帮助用户进行有效的信息搜索也是当今数字图书馆个性化服务的一大内容。检索帮助包含双重含义：首先，由于信息搜索是一个不精确的过程，用户在搜索过程中常常不能清晰地表达他们的信息搜索目的，因此，数字化图书馆个性化服务系统需要通过与用户的动态交互来协助其构造提问，并让用户确认检索目标，从而使用户更容易进入主题领域，为用户提供一个容易查询的起始点。其次，在数字图书馆个性化服务系统中，虽然大部分的信息资源是依靠智能软件来提供的，但是还有一些不确定的信息内容是无法由用户机械化定制来决定的，这部分不能由用户定制的内容需要用户同数字图书馆的在线馆员联系，由图书馆馆员提供帮助。

四、图书馆网络个性化服务发展的方向

1. 服务专业化

大而全的信息服务往往难以深化，因此特定领域、特定用户和特定需求的垂直门户网站便成为网络信息服务发展和一种趋势。垂直门户网站的特点在于它对网上的专题信息资源进行收集、鉴别、筛选、过滤、组织、描述与评论，组织目录式索引提供源站点地址，并带有专业搜索引擎。与综合性门户网站的包罗万象、

信息粗浅、搜索引擎效率低下相比，垂直门户网站并不求大求全，不是力求特定领域信息内容的全面和专深，立足于提供某一领域的精品服务，这种特定服务可以有效地把对某一特定领域信息感兴趣的用户与其他用户区分开来，更能满足用户的特定信息需求，从而提供高质量的个性化信息服务。而用户的个性化信息定制需求也集中于专业学科研究领域，需要图书馆能及时提供有关课题的研究现状、研究地位和前沿、学科动态，信息内容越专深，用户的满意度就越高。因此个性化信息定制服务和垂直门户网站结合，可以优势互补，使个性化信息定制服务更好地满足用户需求，同时也使其本身的服务进一步向纵深发展。

2. 增强主动性

主动的信息服务具有针对性、灵活性、智能性等特点，能够节省用户获取信息的时间，缓解网络拥挤的状况，是一种高效的信息服务形式。个性化信息定制服务主动分析用户需求，进行定制设计，本身就是主动性的表现。但具体来说，各个系统在主动性上的表现程度并不同。大多数系统要求用户自己填写档案定制信息，再将符合需求的信息推送给用户，事实上是用户在"拉"基础上的"推"模式，可以称为"被动中的主动"。而真正的主动服务，应该是基于Push服务器的"推"模式，这在目前的个性化信息定制服务中还很少见。个性化信息定制服务是一种单向式信息服务，在此基础上进一步增强服务的主动性，使之成为有效的信息服务模式——单向主动式信息服务，以进一步优化服务效果。

3. 以用户为中心

个性化定制服务为用户提供符合个人需要的服务，本身就是"以用户为中心"思想的体现。但现在的个性化定制服务在提供服务的过程中并非都能很好地坚持以用户为中心原则。要想真正做好个性化定制服务，必须将"以用户为中心原则"作为出发点和归宿，在服务过程和系统设计时要进行调查分析，考虑服务用户群类型、特征，分析用户的真正需求。要不断增强系统的服务功能及用户的交互性，为用户创建自己的信息集合提供足够的弹性，并能实现图书馆馆员和用户之间附加的、同步的交流，如增添新的交流渠道，包括实时在线聊天、电话、视频会议等，使用户可以将更多的时间用在评价数据、信息或知识的价值上。

总之，个性化定制服务在我国图书馆领域具有广阔的应用前景，我们应密切关注国内外个性化定制服务的发展动态和应用成果，及时开发适合我国国情的个性化定制服务系统，为用户提供高质、高效的信息服务。可以预见，随着主动个性化信息服务技术的进一步完善和广泛应用，以及个性化定制的网络信息平台服务的建设，个性化定制服务必将成为 21 世纪图书馆核心竞争力与可持续发展能力的一个重要标志。

第六章　互联网背景下图书馆资讯数字化服务平台建设

第一节　信息服务建设内容与结构

一、信息服务建设的内容

（一）资讯中心信息服务的分类和内容

资讯中心开展的信息服务就是以知识为核心的服务。信息服务活动一般可分为知识服务主要活动和知识服务辅助活动。知识服务主要活动机理特征表现为知识管理、知识转化、知识服务；知识服务辅助活动表现为组织管理、质量管理、环境管理。各类信息服务活动在资讯中心对外服务过程中都以不同的方式发挥着重要作用。

知识服务主要活动的机理特征是影响知识服务平台构建的关键因素。图书馆资讯中心数字化服务平台是围绕工作人员面向校外企事业单位和居民进行知识挖掘、处理、转化、存储、传递的管理界面，是校外企事业单位以及居民用户进行信息获取、交流、利用、创新、共享的操作系统，是将知识融入多层次、多功能的管理服务体系中。数字化服务平台是直接影响知识服务活动的技术支撑，也是图书馆服务系统功能实现的关键。图书馆想要提升知识服务能力、为用户提供理想的知识服务环境和服务成果，就必须深入研究和分析知识服务主要活动机理特征，优化构建知识服务平台，创建一个先进、开放、有序、动态和高效的知识存取、交流和共享空间。

信息需求是资讯中心面向企业和居民开展信息服务工作的基础，企业和居民信息需求的内容和特点是资讯中心对外信息服务工作的指导和依据，尤其在面向开发区、各企业园区和企业服务时，了解企业信息需求就显得十分重要。总结起来，企业的信息需求主要包括国家或地区的相关政策及法律法规需求、企业竞争情报需求、企业动态信息需求、金融信息需求、专利信息需求。

（二）国家或地区相关政策及法律法规

国家或地区有关的政策法规是企业发展的推动者，尤其是不同国家和地区对企业的各种优惠政策。企业对国家或地区的政策和法规的信息需求包括国家或地区的产业结构及布局信息、产业组织政策及技术政策信息、企业科技创新政策的改革动态、科技创新的优惠政策、相关标准文献信息、知识产权政策、价格政策及企业法规等。国家或地区的相关政策及法律法规信息具有较强的权威性。因此，资讯中心在企业信息服务中一定要注重信息源的可靠性和权威性，以便能及时准确地为企业提供相关国家或地区的政策和法律法规。

（三）企业竞争情报

竞争情报是企业为赢得竞争优势，通过合法合理手段开展的与竞争环境、竞争对手及竞争策略相关的经营活动的总和。竞争情报对企业具有强大的环境监测功能、市场预警功能、技术跟踪功能、策略制定功能和商业秘密保护功能。因此，企业界对竞争情报信息的重视程度越来越高，企业竞争情报服务也逐渐成为资讯中心面向企业提供信息服务的重要内容。然而，竞争情报信息具有很强的隐蔽性和零散性，这无疑给资讯中心的企业竞争情报服务工作增加了难度，因此要求资讯中心加强对竞争情报的识别、加工和处理，提高企业竞争情报的搜集、分析和加工能力，保障企业竞争情报需求。

（四）行业动态信息

行业动态信息是有关企业本行业或相关行业的科研状况和发展趋向的真实需求反映，是企业进行再生产和进行技术创新的参考和依据。企业的行业动态信息需求包括：国内外相关行业的相关技术发展的现状及趋势；本行业内新产品、新工艺、新技术、新材料及新设备的引进与改进状况和技术标准；国内外相关的科技会议、产品展览会、先进行业取得的科研成果及所达到的技术水平；实用性强、成本低、易转化的科研成果信息等。这些信息经过高度浓缩和提炼，具有较强的新颖性、综合性、专业性、针对性和实用性。资讯中心在信息服务中需要充分考虑到企业对于行业动态信息需求的特点。

(五)金融信息

企业生产中原材料的购买、技术和设备的引进及人才的吸纳等都需要大量的资金来做保障。因此,企业对金融信息的掌握便成为其生产管理活动中不可缺少的重要一环。企业对金融信息的需求包括与企业有关的国家的税收和附加税、银行的科技贷款、风险资金的规模与投向、企业创新活动中的金融支持、企业内部的财务及国际经贸信息等。这些信息广泛分布于银行、风险投资公司、企业及其他领域,具有较强的零散性和广泛性。资讯中心需要及时地跟踪分析,从中获取有价值的、最新的金融信息来服务企业。

(六)专利信息

据世界知识产权组织统计,全世界有90%～95%的发明成果最先在专利文献上公布,大概70%的成果只出现在专利中;95%～99%的技术问题可以通过专利检索解决;利用专利文献可以缩短60%的研究时间,节约40%的研究经费。由此可见专利信息对企业的重要性。资讯中心通过企业专利信息服务,加快企业对相关的专利信息的应用,及时了解最新科研成果信息,以此来帮助企业解决技术难题,加快创新步伐,提高创新效率。另外,企业通过资讯中心专利信息服务还可以及时了解企业的创新是否涉及别人的知识产权、关注国内外已经公开的在研科技项目是否对自己构成威胁等,以免陷入不必要的产权纠纷,从而更好地保护企业自身的专利。

二、面向企业的资讯中心信息服务的结构

(一)面向企业的资讯中心信息服务的结构

面向企业的资讯中心信息服务的结构如图6-1所示。该结构是以分布式网络和计算机环境为技术基础,基于多元化资源,围绕企业信息活动和信息服务平台来组织、集成、嵌入信息资源和服务,并通过个性化定制、主动推送、自助式服务等方式主动地为企业提供文献信息服务、个性化服务和知识化服务,支持企业自主处理信息、提炼知识、交流协作和解决现实问题,动态地满足企业信息需求。

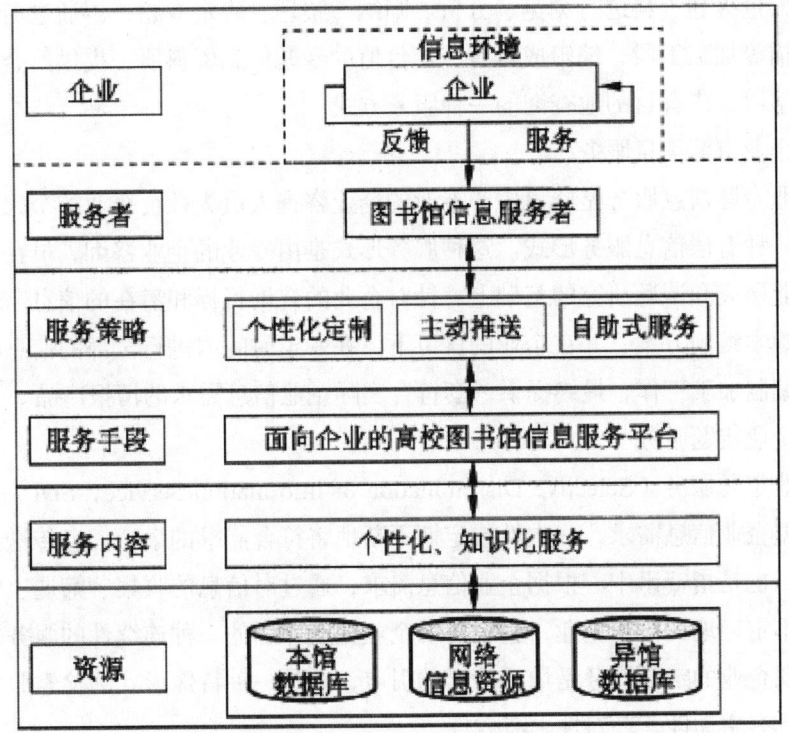

图 6-1 面向企业的资讯中心信息服务的结构

（二）面向企业的资讯中心信息服务的内容

从信息生产的角度考虑，资讯中心利用信息化手段为企业提供信息服务，其过程涉及信息采集与获取、信息抓取、信息加工与处理、信息存储、信息传递与推送等流程，从而方便资讯中心成员组织、整理、存储和利用各类相关的数字信息资源，快捷有效地为企业提供其生产研究所需的一系列信息管理服务和资讯内容，包括相关的行业、企业新闻动态、科研论文、科技动态分析、企业专利信息等。

1. 文献服务

文献的借阅、查询和传递主要是指资讯中心的馆藏资源的借阅、查询和传递服务，包括图书、期刊、报纸等纸质型和电子型资源。企业通过图书馆的信息服务平台能够实现对纸质型和电子型资源的借、还服务，同时满足企业对纸质型和电子型的馆藏资源的信息需求。

2. 企业剪报服务

企业剪报服务主要是指资讯中心通过把分散于各种报纸的专题信息，经过剪辑、汇集在一起并传递给企业的一种方法。企业剪报服务是由图书馆的剪报工作人员对大量报刊资料进行浏览、分析、归纳、整理、确定专题，再通过剪贴、复印、扫描等加工手段，编辑成具有一定价值的专题信息资料册，提供给企业，供其浏览学习，或有目的地查询的一种服务方式。

3. 企业审题信息服务

企业专题信息服务是资讯中心专业的企业咨询人员为社会企业的个人和团体提供的一种有偿信息服务形式。这种服务形式是由专业的企业咨询人员在深入细致的企业研究和课题研究的基础上，针对企业的咨询目标和潜在的信息需求，提出文献检索编制方案，并在企业的认可下，在一定时间内进行全部的信息收集、整理与编制加工工作，最终提供一套符合实际企业信息需求的情报产品。

4. 企业定题服务

企业定题服务（Selective Dissemination of Information Service，SDI）是资讯中心根据企业信息需求，一次性或定期不断地将符合需求的最新信息传送给企业的服务。也是指资讯中心根据企业信息需求，通过对信息的收集、筛选、整理并定期或不定期地提供给企业，直至协助企业完成课题的一种连续性的服务。资讯中心面向企业的定题服务是情报检索的引申，它是一种特殊形式的检索服务。其特点是具有主动性、针对性、有效性。

5. 企业科技查新服务

企业科技查新服务是资讯中心面向企业开展的一个文献检索和情报调研相结合的情报研究工作，它以文献为基础，以文献检索和情报调研为手段，以检索结果为依据，通过综合分析，对查新项目的新颖性进行情报学审查，并写出有依据、有分析、有对比、有结论的查新报告。也就是说，科技查新是通过检出文献的客观事实来对项目的新颖性做出结论。因此，科技查新有较严格的年限、范围和程序规定，有查全、查准的严格要求，要求给出明确的结论，查新结论具有客观性和鉴证性，但不是全面的成果评审结论。这些都是单纯的文献检索所不具备的，也有别于专家评审。

6. 企业竞争情报服务

企业竞争情报服务（Competitive Intelligence Service，CIS）也称BIS（Business Intelligence Service）。竞争情报是指关于竞争环境、竞争对手和竞争策略的信息和研究，是一个过程，也是一种产品。因此，资讯中心面向企业的竞争情报服务就是专指资讯中心面向企业提供的竞争情报产品和过程的服务。企业服务过程包括对竞争信息的收集和分析；产品包括由此形成的情报和谋略。

7. 企业专利信息及标准服务

企业专利信息服务是资讯中心面向企业开展的与专利相关的信息服务，主要包括专利信息的查询和检索。专利信息的查询主要是针对专利文献信息的查询。专利检索是高校通过专业的专利数据库，如 STN 和 DIALOG 等，帮助企业检索所需的专利信息，检索结果通常具有准确度高、分析深入的特点。标准服务是指为企业提供有关产品生产、销售及技术等相关的国家、技术、专利等的标准服务，包括国家标准、国际标准、行业标准、企业标准等。

8. 企业参考咨询服务

资讯中心的企业参考咨询服务大致可分为两种类型，一种是传统参考咨询服务，是以资讯中心咨询馆员和馆藏资源为中心、以纸质文献为基础、以手工操作为主要工作手段、以参考咨询台或参考工具书室和信息检索室等为服务场地、以到馆阅读者为主要服务对象；另一种是数字参考咨询服务，以用户为中心、以数字化电子文献为基础、以计算机网络操作为主要工作手段、以资讯中心网站或虚拟咨询网站为服务平台、以通过网络利用本馆资源的一切用户为服务对象。网络环境极大地拓展了资讯中心企业咨询服务的范围和内容。从咨询范围看，数字化环境的形成使得教育培训服务、定题和专题服务、馆际互借与文献传递等都融入企业参考咨询服务的范围；从咨询内容看，各种信息技术的利用使得企业参考咨询服务的内容不断向深度发展，由提供文献咨询转向提供信息咨询和知识咨询。

数字化咨询是资讯中心传统参考咨询在网络环境下的延伸与发展。各种网上咨询方式既独立存在又相辅相成，共同构成数字参考咨询服务体系。

9. 企业商业经济信息检索服务

企业商业经济信息检索服务是在资讯中心信息检索服务的基础上发展起来的面向企业的信息服务内容之一。随着市场竞争环境变得越来越激烈，企业需要的信息也越来越深层次化和专业化，传统的资讯中心的信息检索服务已经不能满足企业商业经济信息的需求，资讯中心需要通过信息检索服务生产出附加值更高的商业经济信息，以满足企业深层次的商业经济信息需求。

10. 企业战略决策咨询服务

战略决策是企业战略管理中极为重要的环节，起着承前启后的枢纽作用。战略决策依据战略分析阶段所提供的决策信息，包括行业机会、竞争格局、企业能力等方面。面向企业的战略决策咨询服务是资讯中心通过综合企业各项信息确定企业发展战略及相关方案的咨询服务活动。企业战略决策咨询服务过程中的战略实施则是更详细地分解展开各项战略部署，实现企业战略决策意图和目标。

第二节 数字化服务平台内容及规划

一、数字化服务平台内容

在资讯中心信息服务平台中,与企业关系最密切的要素包括服务产品、服务提供者、服务的技术或手段、服务策略与方式等要素。企业信息服务将从企业利用信息活动的全过程及企业复杂信息活动的角度重新审视资讯中心企业信息服务系统的功能,充分注意到资讯中心企业信息服务系统中各个要素间的合理配置。

当前,先进的全媒体技术、通信技术、网络技术、数字技术和泛在技术正在从根本上影响着图书馆知识服务活动的机理。优化构建一个智能、高效、可靠、安全的,适应知识服务活动机理的知识服务平台,是图书馆现在所面临的重要课题。知识服务平台是图书馆知识服务的基石,因此必须优化构建。它的功能模块可以包括知识采集平台、知识处理平台、知识存储平台、信息分类与检索平台及信息传递平台。

(一)知识采集平台

知识采集平台的主要任务是采用现代挖掘技术来多途径获取信息,并对不同来源、不同表现形式的信息在统一标准平台上进行加工、链接与处理。通过互联网挖掘技术,不仅可以获取相关信息,还可以对这些信息进行智能化抽取、转换、分析和模型化处理,挖掘出新颖的、有效的显性知识,并能够通过分析、提取、重组、整合等获得隐性知识。互联网挖掘技术能够对信息内容进行深层次的分析与加工来向用户提供能够用于科学研究、解决问题的规则和模式。这是图书馆信息服务的发展趋势。

(二)知识处理平台

知识处理平台的主要任务是将采集到的信息进行知识化处理,形成系统容易存取的模式,并存放于知识库中。由于知识表现形式的复杂性,需要重新进行整理、编码、存储,建立相关知识条目的逻辑连接关系,以实现快速搜索和存取。知识被编织成各种关系模式,再依次经过组织与重组,变成关联化与类别化的动态知识组合模块，并对其进行描述、评价、揭示、类聚和链接后，形成相互印证、相互关联的知识集合，即知识库。知识库是结构合理、类型齐全、相互依存、相互补充的知识资源保障体系，是一个知识资源管理与服务的系统。为了保证知识库得到良性发展，就需要重点考虑上缴机制、管理维护、质量控制等长期运行机制及知识产权保护等问题。

（三）知识存储平台

知识存储平台的主要任务是将知识库的信息分析过滤，转化为结构化的动态关联知识模块，并存放于知识仓库。知识仓库不同于一般的知识库。它是按某种特定的知识结构将无序信息加以组织整合而成的，具有强大的使用功能。知识仓库能够根据用户的知识需要，按照使用目的创建新的知识体系，体现了知识的创新过程。在帮助用户使用知识方面，知识仓库其实比知识库更有效率。有效地使用知识仓库技术可以使知识有序化与关联化，并方便知识检索，加速知识流动。通过将知识挖掘技术与知识仓库技术有机结合，从而提高知识获取过程中的演绎和推理能力。

（四）信息分类与检索平台

构建统一检索平台就是要求将图书馆所购买的所有中文数据库通过一个 Web 检索平台进行发布和检索，因此该平台已集成了图书馆的所有中文数据库。读者在图书馆查阅中文电子数据库时只要登录该平台，只需进行一次检索就可得到所购买的所有中文电子数据库的信息。一方面，使读者从纷繁复杂的数据库检索中得以解脱出来，不再需要去适应每个数据库的检索界面和检索要求，更重要的是读者不用在每个数据库中来回检索和管理了，从而将更多的时间用于科研和工作学习中，极大地满足了读者的需求。另一方面，也大大减轻了图书馆在数据库资源培训方面的压力。统一检索平台所带来的高质量的数字化资源是有效地进行数字化学习的重要保障。

（五）信息传递平台

知识传递平台是实现知识浏览、知识传送及知识创造等功能的服务系统。该平台将特定用户的知识需求传递给知识存储系统，再根据用户的需求对知识内容进行动态和连续性的组织，最后将知识传递给用户。用户可以通过在传递平台上相互交流与探讨，实现显性知识和隐性知识的共享，从而达到知识价值递增效应。

推送技术和智能代理技术是知识传递的重要手段。推送技术是指在指定时间内把用户选定的数据自动推送给用户的信息发布技术，其主要模式有频道式推送技术、邮件式推送技术、网页式推送技术、智能软件式推送技术等；智能代理技术能够根据用户的需求，代替用户进行各种复杂的工作，如信息的查询、筛选与管理等。

二、数字化服务平台规划

面向企业的开放式文献信息服务是指在资讯中心提供的企业信息服务设施或服务终端及资讯中心信息服务平台上进行的企业的文献信息获取和利用活动。企业可以自主、自动地获得文献信息服务，保证平台服务策略和服务内容具有较强的针对性。面向企业的资讯中心开放式文献信息服务平台环境如图 6-2 所示。

（一）平台构建

在资讯中心开放的物理环境和虚拟的网络环境下，资讯中心通过建设文献资源服务体系、服务内容和服务策略来实现企业文献信息服务。资讯中心的主要工作是以信息资源管理与服务平台的建设、提供与维护为任务，给企业提供文献信息获取中解决问题的工具、策略、方法，从而来引导企业的文献信息活动。

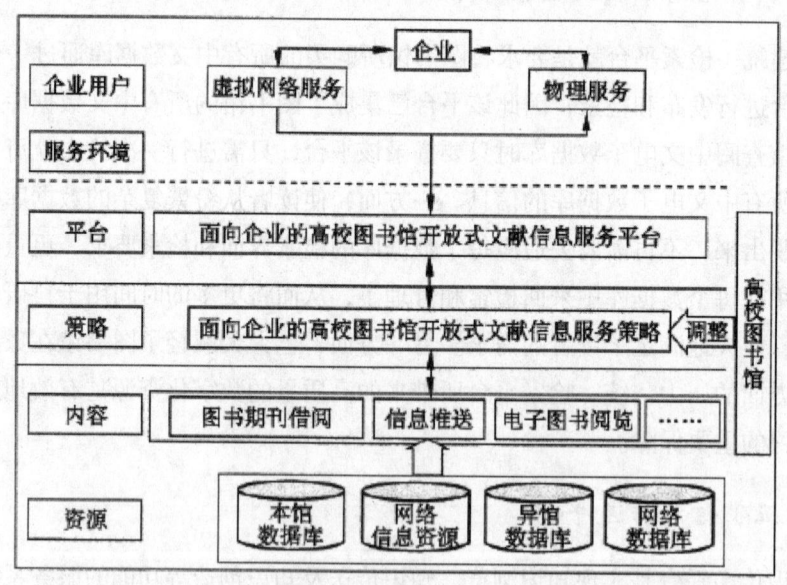

图 6-2　面向企业的资讯中心开放式文献信息服务平台环境

（二）平台服务内容

面向企业的资讯中心文献信息服务平台的主要服务内容包括传统的图书借阅服务、期刊借阅服务、复制服务，以及数字图书馆信息服务实践中的电子图书阅览服务、信息检索服务、电子公告板服务（BBS）、信息推送服务、文件传送服务（FTP）、数字参考咨询等服务项目。

面向企业的开放式文献信息服务平台是资讯中心信息服务创新的重要平台之一。该平台通过构建开放式的服务环境，来实现资讯中心文献信息服务内容和项目的无差别共享，具有很强的开放性和自主性。目前，资讯中心开放式文献信息服务的内容和范围还不够深入，资讯中心需要建立一个完整且具有特色的服务体系还需要努力，但随着企业信息需求变化和资讯中心业务流程的重构，开放式文献信息服务需要已经不断升级为更高层次的服务。

面向企业的资讯中心个性化信息服务平台构建在个性化信息服务思想的指导下，资讯中心开展企业个性化信息服务平台的优势在于能根据企业信息使用的习惯，通过企业特征的提取和分析，发现企业信息需求，主动组织馆藏资源，创建面向企业的个性化的服务平台和环境，向企业提供信息服务。企业个性化信息服务平台能够在满足企业信息需求的同时，分析并引导企业的信息需求，帮助企业发现并挖掘其潜在的信息需求。因此，构建面向企业的个性化信息服务平台和资讯中心是开展企业信息服务的重要举措。

第三节 面向企业的个性化信息服务平台构建

资讯中心企业个性化信息服务平台以满足企业的信息需求为目的，是一种培养企业个性、表现企业个性的服务。平台主要实施措施包括企业信息服务定制、企业信息推送服务、垂直门户、企业智能代理、企业级 My Library、企业呼叫中心等。

一、面向企业的个性化信息服务平台的特点

面向企业的资讯中心个性化信息服务平台包括两方面的特点：①企业根据自身需求在资讯中心个性化信息服务平台定制所需的资源、信息和服务；②资讯中

心个性化信息服务平台针对企业的个性和特点,主动为企业选择并传递资源、信息等动态信息。

在企业个性化信息服务平台上,企业的认可是平台的出发点,主动服务是平台的基本模式,双向沟通是平台的成功要因。平台通过建立面向企业的个性化服务机制来与企业进行零距离的双向交流、互动,设计企业所期望的个性化信息服务模型,那么,既可实现企业当前的、明确的需求,又能满足企业未来一段时间的、潜在的信息需求。企业个性化信息服务具有以下特点:

(一)以满足企业个性化信息需求为目的的主动服务

面向企业的资讯中心个性化信息服务平台是一种能够满足企业个性化信息需求的主动服务、以企业为中心的服务。平台通过对企业个性、使用习惯的分析,提取出企业信息使用的特征,主动向企业提供其可能需要的信息实现信息推荐服务;平台能帮助资讯中心发现企业个体地个性,并针对不同的企业个性主动采用不同的个性化服务策略,设计适合企业、行业信息需求特点的个性化信息服务,帮助企业定制个人服务,提高服务效率和服务质量,从而使企业的个性化需求得到最大限度的满足。

(二)以现代网络信息技术为支撑的网络服务

面向企业的资讯中心个性化信息服务平台是以现代网络信息技术为支撑的网络服务平台。计算机和网络技术在资讯中心的应用,使企业信息服务系统具有可定制性、共享性、集成性和高效安全等特点,平台能根据企业需要,提供定制的信息资源,并使用安全认证技术保护企业的隐私和信息使用安全。目前,个性化信息服务平台所需的支撑技术主要包括智能代理技术、数据推送技术、过程跟踪技术、网页动态生成技术、Web数据库技术、数据加密技术、安全身份认证技术等。

(三)人性化信息服务

面向企业的资讯中心个性化信息服务平台是人性化的信息服务。平台信息服务是一种"企业需要什么,资讯中心就提供什么"的服务,体现了以人为本的服务思想。企业信息化的发展、计算机技术和网络技术的应用,使企业的信息需求更加专业化和个性化,这就要求资讯中心在开展企业信息服务时,必须围绕企业的需求展开,以企业的特性和需求为中心,为其单独设计或让企业根据自己的喜好去选择和组配，从而在为众多企业服务的同时，能够根据企业自身特点，提供一对一的服务来满足企业个性化信息需求。

（四）交互式信息服务

面向企业的资讯中心个性化信息服务平台是交互式的服务。面对信息量庞大、信息类型复杂、格式多样的信息资源，许多企业往往缺乏信息检索和信息资源管理与开发的能力和经验，平台能有效实现企业和资讯中心之间的双向沟通，在为资讯中心主动提供服务的同时，企业可以依据其行业特点、产品的特性、市场的特点等提出自己的信息需求。资讯中心和企业形成信息的交互，从而能够更高效地开展信息服务。

二、面向企业的个性化信息服务内容

（一）企业信息服务定制

企业信息服务定制是指企业通过面向企业的资讯中心个性化信息服务平台进行的界面定制、个性化信息服务内容定制和个性化信息检索定制服务，其目的是开发资讯中心信息资源和扩展资讯中心个性化信息服务的发展。

企业个性化的信息服务界面和内容的定制是指企业可以通过资讯中心的个性化信息服务平台定制服务界面和内容。企业可以根据自己的需求和目的，选择定制页面服务的显示方式，包括界面的布局、显示的颜色、显示内容的排序方式，而内容包括信息的资源类型、选取特定的系统服务功能等。这样企业可以决定图书馆个性化信息服务平台网页提供信息的主题内容、资源类型及相关服务等。

个性化信息检索定制是指企业在数据库检索查询中，不同的企业由于其检索知识和所处的领域不同，其习惯往往也不同。有的会使用简单检索，企业专业的技术研究人员习惯使用高级检索。另外，不同的行业、不同性质的企业可能用不同的词汇表达同一概念，或者使用很专业的词汇作为检索对象，不同企业对检索结果的选取原则和排序方法也可能不同。这些正是企业个性化的显著表现。

因此，资讯中心个性化信息服务平台的检索定制需要充分支持不同企业在检索策略、检索方法和检索结果处理上的个性化。资讯中心的检索定制服务包括个人检索模板定制、检索工具定制、检索式表达方式定制、个人词表定制、检索结果处理定制、检索历史分析定制。

（二）企业信息推送服务

利用推送技术发展起来的企业信息推送服务是资讯中心面向企业开展个性化信息服务的重要服务措施。信息推送服务是个性化主动信息服务，可直接把用户感兴趣的信息推送给用户而无须用户索取。面向企业的信息推送服务是指利用推送技术，按照企业指定的时间间隔或根据企业的服务请求把企业选定的信息、数据或者服务自动推送给企业的计算机技术。目前，信息推送服务一般来说可分为两类：①借助电子邮箱并依赖人工参与的信息推送服务；②由智能软件完成的全自动化的信息推送服务。推送方式主要有四种：基于频道的推送、基于邮件的推送、基于网页的推送和专用式推送。资讯中心面向企业的信息推送服务的最大特点就是企业请求一次性的输入，平台的推送服务系统定期地、不间断地把和企业请求相关的最新信息发送给企业。

（三）垂直门户

垂直门户是资讯中心面向企业的个性化信息服务平台，它针对某一特定企业和某一行业领域的企业的信息需求提供有一定深度的信息服务和相关服务。图书馆面向大众服务的综合性门户很难满足特定企业或者某一行业企业获取"少而精"专业相关信息的需求。而垂直门户可以把某一特定领域的企业的特定需求与一般企业的普通需求区分开来，从而提供个性化的高品质信息服务。垂直门户的优势在于：具有查询信息的专深性、精品性等特点，便于开展特色化、个体化服务；能满足某类企业特定的需求，提供某个特定领域或行业的内容和服务；通过整合网上特定的专题信息资源并对其进行筛选、过滤、加工挖掘，组织建立目录式索引，提供源站点地址，并附带专业搜索引擎，以满足企业特定信息需求；可提供高质量、可靠的内容、允许跨资源库的检索，还能提供数字化参考咨询、共享的工作空间、跨平台的商业数据库入口，等等。

（四）企业智能代理

智能代理是指资讯中心面向企业的个性化信息服务平台完成企业委托任务的计算机系统。智能代理不同于一般的普通软件，利用它可以快捷地在图书馆的数据库中寻找企业想要的信息，具有一定的推理能力，能比较准确地判断企业的需求，有针对性地提供信息、解决问题。智能代理作为一个独立的个体也能自主学习，并将企业的兴趣、爱好、习惯等信息直接转化为内部信息，存放在资讯中心知识库中，通过建立企业模型来指导资讯中心智能代理的决策，使之符合企业需求。智能代理通过各种通信协议和多个智能体进行信息交流，并通过协作和磋商来共同完成资讯中心企业信息服务负责的任务。资讯中心智能代理由界面代理、通信协作代理、浏览代理、通知代理、监督代理、数据库管理代理、信息探测代理等功能模块构成。通过智能代理的信息导航、智能检索、动态个性化生成、管理信息库等功能来实现企业个性化信息服务。

（五）企业级 My Library

在 20 世纪 90 年代末，英国、美国等地的资讯中心开发了一批有影响的 My Library 个性化服务系统，开始了图书馆个性化集成信息服务系统的研究。《My Library：个性化图书馆的实现》一书中认为，My Library 是以用户为核心、以个性化选择为界面的图书馆信息资源搜集方式，是根据用户个性特点进行的图书馆信息服务。《数字图书馆个性化服务方式综述》一书的作者认为，My Library 是一种个性化服务方式的具体应用，是当前开发应用较为成熟的图书馆个性化服务系统，也是完全个性化的私人信息空间。My Library 连同虚拟图书馆、学科信息门户、数字图书馆和个人数字图书馆，都是个性化色彩较强的信息资源组织模式。My Library 的倡导者埃里克·里斯·摩根认为："My Library 是一个图书馆所提供的由用户需求驱动的，可对特定图书馆的信息资源进行个性化定制的个性化服务系统，也是图书馆提供给用户的本馆信息资源的一个门户。"以 My Library 为代表的图书馆信息服务模型是目前为止最具代表性和最成功的个性化信息服务实现方案。

从以上文献中可以得出这样的定义：企业级 My Library 个性化信息服务系统是一个以企业为中心、可操作的、个性化地收集并组织数字资源的企业个性化信息服务系统。

企业级 My Library 系统的个性化服务理念和服务系统是面向企业的服务，它提升了资讯中心信息服务的质量和服务的深度。企业级 My Library 个性化信息服务系统的目的是为企业创建基于资讯中心特定馆藏资源的个性化地资源与服务的门户。企业通过登录 My Library 系统，选择信息资源，创建企业信息系统门户，从而对信息资源进行自我管理。

（六）企业呼叫中心

呼叫中心是一种专门提供一对一用户的个性化服务系统，是基于计算机电话集成技术,充分利用通信网络、计算机网络的多功能集成的综合信息服务。它是现代企业开展客户服务、市场营销、技术支持和其他特定商业活动而接收和发出呼叫的一个渠道。资讯中心建设企业呼叫中心,以便吸引企业通过电话、传真、拨号和访问网站等多种方式进入资讯中心,在企业呼叫中心自动语音导航或服务人员的指导下访问资讯中心的数据库,资讯中心信息服务人员还可以直接回答企业的咨询问题,从而实现资讯中心企业信息服务项目。图书馆企业呼叫中心需要建立企业信息服务历史数据库,对企业信息统计分析并进行数据挖掘,定期自动地向企业发布新信息,为企业提供全天候个性化信息服务。

三、面向企业的个性化信息服务平台构建

面向企业的资讯中心个性化信息服务平台的构建主要包括企业兴趣关联知识库的确定、资讯中心检索系统及资讯中心信息组织等。平台构建如图6-3所示。

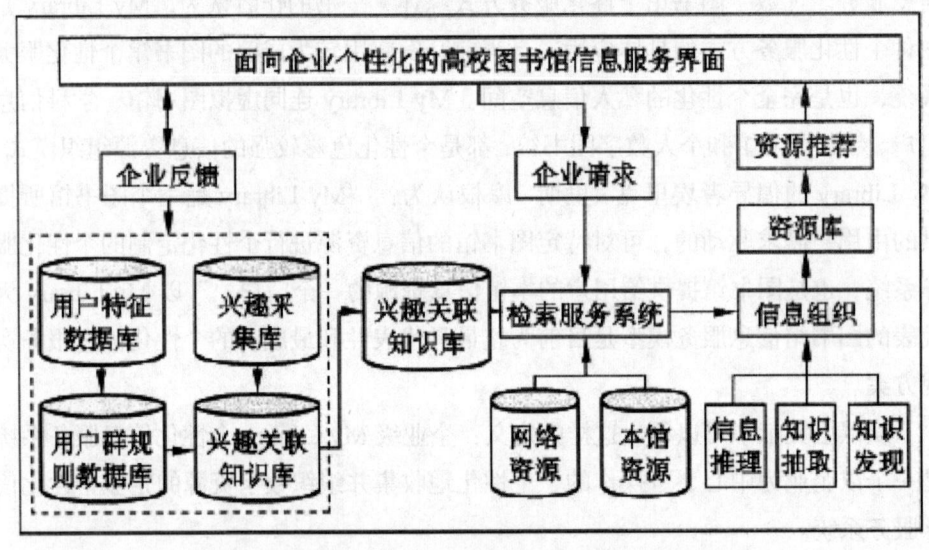

图6-3 面向企业的资讯中心个性化信息服务平台

(一)平台兴趣关联知识库

个性化信息服务是基于企业的个性化信息服务需求基础上的,通过对企业的信息利用特征及企业的反馈,比如企业的特征数据库、兴趣采集库等,资讯中心能够利用相关的信息技术来建立企业的兴趣关联知识库,指导资讯中心进行个性化信息服务。

（二）平台检查服务系统

在面对企业个性化信息服务需求时，资讯中心需要对本馆资源和网络信息资源进行一定的整合，同时按照企业信息需求和使用的特点对资源进行一定的排序，建设企业信息服务的专题数据库；也可以针对企业群的信息需求特点，建设特色数据库，建设资讯中心企业个性化信息服务平台的信息检索服务系统。通过平台建立的兴趣关联知识库和企业的服务需求，就能及时、快速地在资讯中心的信息检索服务系统中检索服务内容，第一时间推送给企业。

（三）平台信息组织

个性化信息服务平台的信息组织是对平台检索服务系统检索出来的企业需求的信息进行组织和加工，以方便企业信息利用和以管理的形式呈现出来。检索服务系统检索出来的信息大多是无序的、大量的信息，甚至还有很多没有用的信息，这些信息必须经过资讯中心服务人员的信息组织加工才能形成有高附加值的、能直接服务于企业的信息或者情报。个性化信息服务平台的信息组织是建立在一系列的信息组织方法之上的，比如知识发现、数据挖掘、信息推理和知识抽取等。

（四）平台服务推荐

资讯中心通过对平台信息的组织，形成企业信息服务的资源库，并随时向企业进行资源推荐。

（五）平台服务内容

个性化信息服务内容主要包括定题服务、科技查新服务、竞争情报服务、专利及技术标准服务、培训服务、行业政策法规服务等。

第四节　数字化服务平台使用的关键技术

一、信息采集技术

（一）传统知识资源的采集

传统知识资源采集主要是指针对印刷版图书、期刊的采集行为。一般而言，在此类知识资源的采集中，各高校都是围绕教育部高校评估的指挥棒而转动的。高校评估是促进高等教育发展的重要举措，同时也给高等学校图书馆的发展带来了机遇。以本科高校的评估指标为例，其对图书的规定是人均图书册数。但是，中小学校的合并、升级的新本科院校或高职院校，由于在合并之初图书馆资源本身较少，因此在指标的要求下过分追求数量而忽视了图书期刊质量的要求，既要达标又要节约经费，不得不通过购买大量特价图书来补充资源库。但是，知识资源得不到利用才是最大的浪费，而且对资源建设的连续性也是一种极大的冲击，造成图书、期刊的半衰期加快、资源使用有效性减少等问题。这一状况使图书馆的知识资源采集偏离了它的本来目标，即满足高校师生科研、教学、管理的需要，变成了对符合评估指标的追求。因此，笔者认为应将人均图书数量这一评估指标与图书采购经费协调一致，将其变成既重投入又重质量。

（二）网络知识资源的采集

网络知识资源的采集是一个系统的工程，包含对网络知识资源的搜集、整合、加工、发布、反馈等流程。一般而言，图书馆都将其作为对传统知识资源的补充方式，根据本馆知识资源的缺失做出调整。多采取浏览器、搜索引擎等信息技术分析采集，然后依据知识资源的学科类别进行标引，以形成图书馆内部的数字资源，为科研教学服务。同时，还要为师生提供多元化的、系统的、便捷的知识查询和基于知识组织挖掘的知识服务。整合后的知识仓库中的数据是各异构数据资源的有机合成和关联存储，并不是数据简单的汇集和堆放。通过数据接口技术形成统一的操作平台，然后通过建立索引系统、网络发布系统等工具实现知识传播，能够为师生服务。

二、信息存储技术

信息化、网络化的发展，使数字文献在资讯中心文献资源服务中扮演着重要角色，数据库成为资讯中心数字文献资源的主要表现形式。资讯中心面向企业的信息服务需要加强数字化资源建设，首先需要对已有的资源进行整合，将不同类型、不同结构、不同环境、不同用法的各种数据库纳入统一的检索平台，以便企业更方便、更高效地获取信息。

资讯中心要整合的数据库主要包括书目数据库、文摘数据库、全文数据库、电子期刊和电子图书数据库、网络数据库等。这些数据库分布在不同的服务器上，由不同的信息服务公司和出版社提供或者是由各资讯中心自建，成为不同特性的数据库。其特征表现为：数据模型不同、数据结构不同、系统控制方式不同、计算机平台不同、通信协议不同、通信结构模式不同、操作系统和网络不同。资讯中心数据库的相关技术有通用网关接口技术（CGI）、开放数据库互联技术（ODBC）、Java 数据库互联技术（JDBC）、ASP 技术和 JSP 技术、XML 中间件技术等。资讯中心通过综合应用这些技术来实现资源整合，进行数据库之间的连接和数据转换，接受企业对这些数据库的并行交叉访问和查询，实现查询结果的融合处理并反馈给企业。

三、信息分类与编码

信息分类与编码（Information Classification and Coding）是根据信息内容或特征，将信息按照一定的原则和方法进行区分和归类，建立一定的分类系统和排列顺序，并用一种易于被计算机和人识别的符号体系表示出来的过程，也是合理地将信息对象数字化、符号化的过程。信息分类、编码的目的是促进各个异构数据源之间的数据共享和交换，从而有效地利用信息资源，提高整个应用系统的性能。企业级信息分类编码是指在企业信息系统环境下，统一对整个企业范围内的信息进行分类与编码。而这种统一目标则不是单一的，更多的是多个目标的综合。在企业信息化进程中，只有当基础信息按照一定的规律进行分类和编码，将其合理、有序地存入计算机，才能快速、有效地对它们进行存储、管理、检索分析、输出和交换。信息分类编码已经成为企业基础数据标准化建设与基础数据库数据组织、存储、管理和交换的基础，也是实现数据共享与互操作的必然。

信息分类与编码是标准化的一个领域，目前已经发展成一门学科，有其自身的研究对象、研究内容和研究方法,并已经成为信息科学的一个重要分支。在工业社会中,信息分类与编码是提高劳动生产率和科学管理水平的重要手段。正如美国新兴管理学的开创者莫里斯·库克所说:"只有当我们学会了分类和编码,做好简化和标准化工作,才会出现任何真正的科学的管理。"在信息化时代,信息的标准化工作越来越重要,没有标准化就没有信息化,信息分类编码标准是信息标准中最基础的标准。

四、信息检索与推送

(一)信息检索

企业对于其需要的文献,总是希望在最短的时间内获得最全面的信息,这就需要资讯中心提供全文检索技术的支持。全文检索(Full-text Retrieval)是指以全部文本信息作为检索对象的一种信息检索技术。该技术无须对文献进行标引即可实现对文献的检索,是一种面向全文、提供全文的新型检索技术。该技术可以使用原文中任何一个有实际意义的字、词作为检索入口,且得到的检索结果是源文献而不是线索文献。该技术的核心是维护一个高效的索引,索引的内容全部来自被检索的文本信息。全文检索系统具有全文数据库功能,具备逻辑检索、截词检索、字符串检索等功能,企业在检索信息中可以用自然语言检索并直接获得原文的检索系统。全文检索技术被广泛应用于资讯中心的各种全文数据库,使图书馆检索服务功能发生本质的变化,企业通过检索可以直接获得文献的全文。

(二)信息推送

信息推送技术(Push)最早于1996年由美国Point Case Network公司提出,其目的在于提高信息通过计算机网络的获取效率。近年来,随着RSS信息聚合技术、Agent智能代理技术、系统过滤技术等技术成功推出,信息推送技术被迅速应用到电子商务、数据库、图书馆、电视广播及通信系统等应用领域。

信息推送是通过一定的协议或技术标准,在互联网上通过定期传送用户所需要的信息来减少信息过载的一项新技术。准确地说,它属于目前最新的第三代浏览器的核心技术,其关键是能够根据用户的需求,主动地将最新的信息分门别类地发送到相应的用户设备中,从而有效地改变人们获取信息的方式,极大地提高了互联网信息的使用效率。

传统的信息拉技术（Pull）是通过统一资源定位符（URL）来进行信息资源定位的。在互联网上，人们获取信息的方法是使用各种搜索引擎来查找各个服务器在网络中的定位符，再通过定位符去访问该服务器所提供的信息，同时使用定位符来定位信息资源。它把重点放在用户端，因此没有在"信源"与"信宿"之间找到标准化的沟通方案。互联网发展到今天的规模，网上遍布着大量的信息资源，定位符这种信息资源定位方式，在时延、响应时间、查全率、查准率等性能指标上都已不能满足用户的需求。因此，以拉技术为代表的信息获取模式已成为进行信息共享的技术瓶颈。

推送技术同传统的拉技术相比，最主要的区别在于推送技术是由服务器主动地向客户机发送信息，而拉技术则是由客户机主动地向服务器发出请求信息。推送技术的优势在于信息获取的主动性和及时性。在客户／服务器的应用程序中，推送技术能够向客户发送数据而无须其发出请求，如服务器向客户发送电子邮件。推送技术所提供的服务通常是事先表达好喜好的信息，这就是所谓的订阅／发布模型。一个客户端可能"订阅"不同种类的信息"通道"，一旦在这些通道中有新的内容，服务器就会将信息推送到用户端。

信息推进技术正在改变着人们在互联网上对信息的访问方式，它将由用户主动地去搜寻信息变为被动、有目的地接收信息。推送技术不仅仅是一种单纯的信息提交的技术，它还能够把 Web 服务器中的信息、数据库中的数据、音频及视频等信息捆绑起来，在防火墙内外向用户提供丰富的多媒体信息。

目前，信息推送的实现方式主要分为消息推送、代理推送、频道推送三种。其中消息推送是根据用户提交的需求信息，通过电子邮件系统或其他消息发送系统将有关信息发送到用户端；代理推送是指使用代理服务器定期地或按照用户指定的时间间隔在网上搜寻用户感兴趣的信息，并将搜寻到的结果发送给用户；频道推送则需要提供一整套推送服务器、客户端部件及开发工具等组成的集成应用环境，通过将某些网络站点定义为浏览器的频道，推送服务器则负责将收集到的信息形成频道内容后推送到用户端。

信息推送模式的主要优点在于及时性好、应用面广、对用户没有技术上的要求。目前，大多数的客户机推送软件都可以向用户提供最新的新闻订阅信息，而这一功能是以前任何浏览器程序都无法实现的。客户机推送软件不仅可以对信息进行分类，还可实时地向用户发布最新的新闻订阅信息。客户机上的推送软件的操作方式是：当有新的订阅信息内容可获得时，客户机便可自动被告知。大部分客户机推送软件是采用预约的模式,即这些客户机推送软件均按预定义的时间间隔定时向提供信息的服务器进行询问,以查询当前是否有新的信息内容可以提供。

用户还可以选择对这些客户机软件的接口进行定制,以使它们所提供的信道成为专用信道,即让每一信道只传送某一指定信息提供商所提供的某一类指定信息。当新的信息需求被提交时,客户机推送软件将通过以下方式通知用户:通过发送电子邮件、播放一个提示声音提醒、显示一个图符,或弹出某一应用、通知单等来告知用户有新的信息到达。

(三)网络资源挖掘技术

资讯中心企业信息服务平台的网络资源是资讯中心信息资源的重要组成部分,而网络资源的鉴别、评价、收集、整理、组织、存储成为资讯中心开展信息服务的一项重要工作。网络资源挖掘就是从大量的互联网文档集合中发现蕴藏的、有潜在应用价值的模式,处理的内容包括静态网页、网络数据库、互联网结构、用户使用记录等,这些信息具有网络资源信息量大且增速快、传播范围广但时效性差、信息发布自由且来源广泛、内容杂且质量不一等特点。资讯中心就需要借助这些数据挖掘的思想和方法,进行 Web 挖掘,从数以亿计的 Web 页面中挖掘出对用户有用的信息。Web 数据挖掘大致可分为内容挖掘、结构挖掘和用户使用记录挖掘三种。

通过 Web 数据挖掘,提取网络资源中的有用知识以建立资讯中心的网络资源知识库;通过对用户的访问行为、频度、内容等分析,得到关于企业访问行为和方式的知识,用以指导改进服务。通过对这些企业特征的理解和分析,还可以有效推动个性化服务开展。Web 数据挖掘技术已经在资讯中心知识导航服务、个性化服务和数字参考咨询服务中被广泛应用并成为关键技术支撑之一。

(四)智能代理技术

智能代理(Intelligent Agent)由一个多智能代理系统组成,是一种智能性的、可进行高级复杂的自动处理的代理软件。它具有如下特征:

①代理性与自主性。可以在用户没有明确具体要求的情况下,根据用户需要,代替用户进行各种复杂的工作,如信息查询、筛选及管理,并能推测用户的意图,自主制订、调整和执行工作计划。

②智能性与协作性。先进的智能代理彼此间能进行交流,共同执行单个智能代理软件所不能胜任的任务。例如,学习型智能代理作为一个独立的个体能自主

学习，能与用户并行工作，并将用户的兴趣、爱好、习惯等信息直接转化为内部需要，存放在知识库中，通过建立用户模型来指导自己的决策，使之符合用户需求。

③移动性与异构性。智能代理技术更适应网络分布式要求，不仅可以减轻网络负载，提高效率，还可以异地自主运行，具有很强的应变能力，使系统运行达到最优化；具有异构性，可以用来解决网络的异构、低宽带和连接不稳定等问题，有利于提高信息服务与获取的能力。

同时，智能代理技术具有以下功能：

①管理个性化的信息代理库。主要是管理用户个人资料及其个人目录下的信息库。

②信息自动通知。它能根据用户的需求和环境的变化，主动向用户报告并提供服务，当信息用户指定了特定的信息需求之后，智能代理能够自动探测到信息的变化和更新，进而将其下载到数据存储地存放起来，同时智能代理能将该信息自动地提示给用户。

③浏览导航。智能体具有一定的推理能力，能比较准确地揣测用户的意图，通过分析得到用户感兴趣的知识领域，同时能向该信息用户推荐与该领域更密切的网络信息。

④智能搜索。根据信息用户的特定需求，进行信息过滤，为用户提供更精确的信息。

⑤生成动态的个性化页面。智能代理能依据所存放的信息动态地生成网络页面，给信息用户提供一个舒适而友好的浏览界面。此外，智能代理还具有监督代理、协调与解决冲突等功能。显而易见，这种具有智能性，可支持高级、复杂的自动处理的智能代理技术一经应用于信息组织与检索领域，必将成为网络信息资源组织模式优化的利器之一。

（五）知识仓库技术

资讯中心的知识仓库是一种特殊的信息库，库中的数据有相关的语境和经验参考。知识仓库技术是资讯中心知识信息服务的重要技术之一。在知识仓库中不仅存储着资讯中心的知识条目，而且还存储着与之相关的事件、知识使用记录、来源线索等相关信息。知识仓库不仅能有效地帮助资讯中心开发知识、帮助企业利用知识，还可将资讯中心参考咨询服务中企业提出的问题、检索方案、解答及反馈等信息进行存储，并形成知识仓库，既可供企业检索利用，又可在参考馆员之间传递经验。

第七章 现代图书馆的未来展望

第一节 大数据时代现代图书馆信息服务面临的问题

人类已经进入信息社会,信息与材料、能源并称为现代社会的三大支柱。信息资源的开发利用程度成为衡量一个国家或地区文明程度的重要尺度。图书馆是服务于教学与科研的学术性机构,与学校中心工作休戚相关。如果我们把教学、科研工作比作学校的生命线,图书馆则是这条生命线的心脏起搏器。高等学校履行其"科教兴国"主力军的历史重任,要培养出具有创新精神和创新能力的高素质人才,要在知识经济大潮中施展能量,无不依赖其发掘信息、占有信息、升华信息的能力。目前,随着"金图"工程的实施,计算机技术、通信技术在图书馆中的应用及数据库的开发,都为高校信息服务提供了难得的机遇,但也存在诸多问题。下面探讨高校信息服务中存在的问题及其相应的整改对策。

图书馆信息服务工作存在的问题:

一、观念陈旧,对图书馆信息服务的功能认识不足

很多人对图书馆的概念仍然停留在传统阶段,认为图书馆只是藏书、借书、看资料和报刊的场所。绝大多数图书馆,往往是以"书库""书店"的形式出现在读者面前,其管理人员自身只是管理归类、编目存档的资料员,是学生借书、还书的"售货员"。实际上,图书馆信息服务是在保存和传播人类文化、进行社会教育等职能的基础上进行的。图书馆职能的本质——服务,并没有改变,只是这种服务的落脚点已转向全方位、多功能、多层次的信息服务,延伸和扩大了图书馆的职能,这使图书馆开展信息服务存在巨大潜力。

二、馆藏资源难以满足日新月异的信息服务的要求

无论是过去还是现在，无论是中国还是外国，图书馆都属于经费相对紧张的单位。在有限的经费中，绝大部分用来精打细算选购书刊，结果也只是沧海一粟，更谈不上有充足的资金来改造、完善图书馆的设施。面对不断膨胀的信息海洋，传统图书馆的收藏功能已越来越有限，收藏比重也越来越小，甚至有的多年来几乎没有增加新刊，无力购买外文图书，收藏的依然是一些陈旧过时的信息，已不能履行一个图书馆应有的职能。虽然大多数图书馆都已采用计算机代替手工操作，基本实现了采访、编目、流通和检索等业务自动化管理，但总的来说，仍处于集成化系统的初步实用阶段，尚未以网络化为龙头带动整个图书馆信息化建设，电子信息资源、可提供服务的虚拟资源仍很不足，对现有馆藏数字化的比例不高，能够上网的资源大多还停留在馆藏书目的层面上，并且网上信息资源匮乏，大量文献资源有待开发。

三、现代图书馆信息服务方式滞后

我国的图书馆过去是按传统的模式，即藏书编目、陈列、借阅等程序建立起来的，随着社会发展的需要，逐步暴露出许多弊端，如职能陈旧、方式单一、效率低下、服务滞后，难以满足信息时代读者对信息"快、精、深"三方面的需求。主要表现在：信息服务往往局限于一般文献信息，对有价值的零散资料的收集、整理和利用不足，导致提供信息的实用性较差；文献信息加工生产周期过长，导致内容老化、时效性较差；文献信息大多未经深入加工，信息量大，用户查找起来既复杂又费时，导致服务的针对性较差；文献信息仅以图书馆这个单一渠道流通，信息传播的速度缓慢，导致信息交流的传导性较差。

四、图书馆馆员的素质难以满足信息服务的需要

图书馆馆员应该是信息专家和信息工程师，应该是信息系统的建设者、信息服务的向导和顾问。随着信息时代的到来，现代图书馆馆员的工作对象已变成了数字化信息和知识，工作工具是计算机和网络，提供的是多层次、深层次的服务，要求馆员对信息用户所用信息能够做到迅速地"存"进来，准确地"取"出去。然而，许多图书馆馆员素质偏低，难以适应现代社会信息服务的发展。有近70%

的员工只有大专以下学历,图书馆专业大专以上的员工不到总数的 30%,大多数图书馆馆员仍然充当着以馆藏文献和本校读者为对象的文献管理员和文献服务员的角色,计算机与信息资源管理专业人员奇缺。图书馆的人员素质还达不到能利用网络技术进行信息采集、管理和服务的要求。

五、图书馆在信息服务中各自为政,相互合作的意识不强

目前,图书馆的信息服务各自为战,众多而分散。虽各自拥有局部的信息资源优势,但无法满足教育教学需要的高质量的信息服务。随着全球性信息时代的到来,高校为培养高素质人才,对文献信息采集、管理和服务方面的应用更加广泛,加之高校系统 CERMET 网络的建立和 Internet 的普及,各高校原来自行开发、相对封闭的图书馆自动化管理系统越来越显得与信息发展不相适应。面对文献信息量剧增,文献载体多样化,文献提取、传递与利用方式的不断变化,明显地表现出适应性、开放性差等致命弱点。同时由于各馆书目数据质量参差不齐、著录缺乏规范的标准等,即使在外部网络环境已具备的今天也难以向网上开放自己的馆藏,很难做到资源共享。这种一校一馆、分散封闭的管理模式,已经严重影响并阻碍了高校人才的培养和科研水平的提高,以及图书馆事业与世界高科技水平的接轨。

第二节 大数据时代提升图书馆信息服务应对策略

一、提高图书馆的服务质量的方法

随着科技的迅猛发展,人们获取所需知识和信息的途径变得自由和多样化。特别是电子技术、计算机技术和通信传输技术的发展,严重冲击着传统的信息业,尤其是图书馆业。因此如果图书馆业继续沿用传统的服务理念和服务方式,必然会导致图书馆读者的大量流失,削弱了图书馆的服务领域,极大地影响了图书馆存在的社会意义。服务是图书馆发展的核心和工作的主体,服务水平的高低直接影响了图书馆的社会形象和图书馆事业的发展,图书馆要在新的信息传播时代中求生存求发展,就要提高服务质量,提高工作人员素质。如何提高图书馆的服务质量,已经是亟须解决的问题,就提高服务质量而言,可以从以下三方面着手:

（一）树立主动服务理念，完善服务机制

传统的图书馆服务模式因为封闭的工作环境、呆板的工作程序、僵化的思维方式，使得服务手段过于落后，不能适应现代的文化需求。中小图书馆要想发展，就必须对传统的服务模式进行变革。一是变被动服务为主动服务。本着"读者至上、服务第一"的宗旨，从转变服务方式入手，积极捕捉市场信息，把握社会前进的脉搏，给读者提供更及时更合理的阅读产品，即从各种显性和隐性信息资源中，将知识提炼出来，有针对性地满足读者的需求。二是树立开放的意识。图书馆那种"坐等读者上门"的传统思想还在，使得图书的利用率很低，这是封闭式落后的服务，图书馆的资源要尽量向读者开放，最大限度地利用馆藏。三是加强图书馆服务质量监督。由上级政府相关部门委派专业人员负责图书馆服务质量的监督工作，确保服务流程的顺畅、高效，提高图书馆服务质量。四是要健全图书馆反馈机制。可以建设图书馆自己的网站并开通馆长信箱，建立读者群。实在条件有限，可以定期召开读者代表座谈会，或者在图书馆大厅或走廊处挂出读者意见簿。采取这些办法，图书馆的领导及其员工就能及时了解读者的需求，便于因地制宜，不断提高服务质量，形成适合当地读者群的图书馆特色。

（二）树立市场意识，寻求社会资源的可利用性

社会文化资源是指社会组织机构及个人中蕴藏的文化典籍和文化遗产，开发和利用这些社会文化资源，对图书馆尤其是中小图书馆的建设和发展有着特殊的意义。社会资源不会主动走上门来，图书馆工作人员必须主动走出去，寻求社会资源利用的可能性。现阶段图书馆的资金来源与图书来源主要就是政府的公共财政，图书馆要积极寻求社会文化资源，吸引企业、社会组织或个人的捐助，来壮大图书馆的规模，提升图书馆的蕴藏。

（三）丰富服务形式，优化服务的流程

一是开展个性化推荐服务，根据不同读者的需求、年龄、文化程度、工作性质等多个方面进行正确引导。为图书馆提供推荐服务，能够根据读者的兴趣爱好主动向读者推荐图书、刊物等信息资源。二是开展丰富多彩的活动。

随着人性化服务理念和信息技术发展的不断深入，目前图书馆借还书服务也实现了现代化管理方式。大部分图书馆采用了门禁防盗系统及金盘图书馆集成管理系统，基本实现了"人、机、书"一体化、"借、藏、阅"结合和书目数据自

动化的全开架服务管理模式。因而摆脱了以手工操作为主的借还传统服务模式，极大地提高了图书的利用效率，并节省了大量的财力、物力和人力。但是，由于存在一些主客观的原因，在实践中这种计算机借还书的管理方式还有一系列的问题存在。笔者根据对图书馆工作的相关调查并结合图书馆的实际情况，主要探讨传统操作与自助借还书中漏借、窜借、系统条码识别等相关问题，并展开分析，有针对性地提出了一些建议和看法。

二、图书馆借还书服务的发展与自助式借还书系统内涵

（一）我国图书馆借还书服务的发展

很多高校的校区图书馆的借还服务一般分为三个阶段：首先是初步阶段，其主要采用统一的借阅卡能在各个图书馆之间相互借阅，但是不能提供异点还书服务和异点借书，而且所借阅的本馆文献资源必须在所借的馆内归还，具有一定的局限性。其次是改进阶段，这个阶段一般采用统一的借阅卡。能够在任一家图书馆随时归还所借阅的书籍，然而所借阅的本馆文献资源，依然不能提供异点借书。最后一个阶段是完善阶段，每个馆必须采用统一的借书卡，从而能够及时提供异点还书、异点借书的服务，实现真正意义上的借还服务。一般图书馆的借还服务主要指读者借助于网络和现场这两种服务的方式，依据有效的借阅证能够及时到图书馆任何一个分馆借阅或者能够到各个分馆进行外借图书并及时归还。借还服务主要有两点：①读者能够持有效的借阅证到图书馆的任何一个附属馆借书。②读者能够在任何一个分馆，并委托外借馆藏地作为其他的分馆的图书。而还书服务主要指读者能在图书馆的任何一个分馆将所借的书籍进行归还，由专门的图书馆工作人员统一将这些图书送入所属的分馆中。

（二）自助式与传统借还书服务

传统的借还书服务主要是手工操作的一种服务，而自助式借还书系统主要指读者利用机器设备可以在图书馆内自行借阅或者归还所借图书馆的图书资料，而不必经过相关馆内人员采用手工操作的一种自助服务工作系统。目前我国一些图书馆的自助借还书系统主要有两种自动识别图书资料的模式，分别是无线射频识别模式和条码识别模式。其中条码识别模式具有较强的适用性，可广泛适用于图书资料贴有条形码、已实行自动化管理的图书馆。而无线射频识别模式的适用性

则很差，排除RFID电子标签之外的其他标签都无法识别，所以，只有更换标签才能使用这种模式的自助借还书系统，然而RFID电子标签的成本普遍偏高，其价格远远高于目前普遍使用的条形码价格。在我国目前已使用自助借还书系统的图书馆中，绝大多数图书馆是使用条码识别模式，极少数图书馆使用的是无线射频识别模式。

三、传统操作与自助借还书存在的问题及分析

（一）传统操作中借还书服务出现的漏借、窜借现象

一方面，由于一些图书馆依然是手工操作，发生的漏借、窜借现象无疑比自助借还服务中出现的现象较多，例如杨芳借了3本书，但是等到她还书的时候，却意外发现自己还有三本书未还，这三本书并不是她所借，必然会发生不必要的纠纷。同时，也会出现读者还书的时候，结果发现所还的书并未在屏幕上显示其借阅的信息，因此，常会给图书馆造成一定的损失，也浪费了读者阅读的时间。然而这些漏借与窜借现象时有发生。另一方面，在借书高峰期的时候，由于相关工作人员的疏忽（只扫条形码，未看显示屏），容易出现借书窜借的现象，如某位学生刚借一本书，结果屏幕上信息依然是前一位学生的，由于工作人员未及时清除上位读者的信息，从而发生窜借现象。

（二）传统操作中借还书服务出现的漏还现象

图书馆里的书，有一部分是永久性的磁条，很难消磁，常有学生将其拿到借书处的时候，却因这本书不能消磁，导致要花费很多的时间才能处理，这样无疑浪费了双方的时间。还有一种情况，以某位学生为例，当他已归还3本书，但是过了一段时间后又向图书馆借书，然而显示有两本书超期未还，需要给予相应的罚款，从而会与工作人员产生不必要的矛盾。这个情况可能由于管理人员工作上的疏忽，或者机器出现故障，导致条码未扫全，就将书本收于图书库当中。因此，传统操作中，手工与机器出现故障需要引起重视。

（三）自助借还书系统的局限性

1. 拒借拒还现象

在读者借书的过程中，自助借还系统主要依据读卡器进行相关的操作，通过

对读者所提供的借书证中的信息,来分析其借还状态是否正常,然而针对借还状态不正常的读者,电脑则无法继续办理,同时,一旦处于借还高峰期,会使图书磁场超出正常值,导致电脑借还系统无法继续读取与扫描,直接拒绝服务,从而出现拒借拒还现象。但是这种现象如果发生在开馆时间,则可以很好地解决,如果不幸发生于闭馆时间只能选择放弃。但是这种服务成本依然优于传统手工操作。

2. 难以正确识别部分读者的违规行为

现阶段的自助借还系统仅依据相关条形码和藏在图书当中的磁条磁场强弱防范借还书中,将许多的书籍作为一册或者抽换图书等多种违规行为,针对只归还贴有条形码的书籍、调包图书内容、污损图书及磁条的图书封面等多种违规行为,还没有有效的防范措施。但是,在人工借还书中相关工作人员还是能及时发现图书被调包或者污损等突发情况,并且能够及时发现违规人员并能对相关责任人员及时进行相应的处罚或者教育,对违规的读者起一定的威慑作用。值得注意的是自助还书服务对读者的违规行为的防范力度不够,小部分常常以偷书不算偷为理由,给予借还过程中发生违规行为的读者提供机会。某院馆购置了三台自助还书机器,主要用于提供自助还书服务,然而在还书过程中经常发现部分读者只归还带有条码的图书书套或者封面,这种现象绝不可能在人工借还中发生,同时,污损图书的情况也比较严重,其污损率和丢失率显著高于传统借还的图书。

3. 图书馆的工作效率显著受于制读者

自助借还服务的工作实质是将图书馆工作人员所完成的办理借还手续的工作统一由借阅的读者自行完成。同时,读者借还操作的系统效率主要决定于其对借还系统的了解和熟练程度,其熟练的程度普遍决定于使用系统的工作频率,因此,使用频率与熟练程度呈现正比例的关系。此外,自助借还的时间普遍比传统借还的时间短、速度快,如果这两者均达到,则借还系统的效率更高。相反,读者对其系统熟知程度低,则其工作效率也很低。同时,所使用的系统频率高的读者办理相关手续所花费的时间常常和工作人员为读者办理的时间几乎相同,因此,自助借还书系统的工作效率很高,但受制于读者。针对熟练程度不高的读者,容易出现失误现象,其所花费的时间也比较长,从而操作慢,出错的概率很大。通过对两种借还服务进行分析,可知自助办理图书借还手续的工作效率与读者的行为操作密不可分。

四、图书馆借还服务中问题的对策

以往借还书服务是图书管理员传统的手工操作模式,而自助借还书服务则是读者利用机器设备自行借阅或归还图书资料的服务模式。这种服务模式的转变直接把借还书的重心从馆员转移到读者身上,所以,图书馆加强对读者进行培训、宣传很有必要,同时也要有相关服务配套措施以确保借还书能顺利进行。

(一)加强读者证件的有效管理

读者个人比较容易忘记自己的密码或者丢失自己的图书借阅证,但自己的手指不可能"遗忘"或者"丢失",且人的指纹具有唯一性、不可逆性及固定性。因此,把指纹图像变成可存储的数字信息,制作出具有指纹技术的图书借阅证就能切实解决有关借阅证的易遗忘、易磨损、易盗及易遗失等多个缺点,从而大幅度提升了图书管理的准确率和工作效率。

(二)大力开展知识讲座与培训

组织相关人员,积极开展各种类型的图书馆知识宣讲与培训,从而更好地帮助读者获取相关网络、学科指南、原文传递、网络导航、搜索引擎、数据库评价及利用、数字参考咨询等多个方面的服务与知识,同时,经过系统地整合个性化的服务和数字化信息资源,从而帮助读者大幅度提升利用馆藏文献的技能和相关情报意识。

(三)延长服务时间和配套对应的服务措施

读者在传统手工操作借还服务模式下,只有在图书馆规定的上班时间内完成借还图书。将自助借还服务和人工服务相互比较,自助借还书服务则完全摆脱了图书馆对读者借还图书的时间限制,服务时间得到有效延长。而且自助借还系统还可以有效化解高峰期的借还问题。目前,许多图书馆在不同楼层已有多台借还系统,借还拥挤现象通常不会出现。同时,在借还高峰期,还可以让读者灵活地选择人工服务方式,而不需要排队等待。

(四)完善管理机制和模式

各类图书馆应该进一步完善馆内工作人员的岗位责任制,以提升工作人员的综合素质水平；建立馆藏相关管理规则及加强读者监督机制等各种制度，从而规范了读者借还的行为，减轻了工作人员的压力；进一步增强馆内工作人员的服务意识以及借还业务技能；积极宣传爱护图书活动，大幅度提升读者的责任心，严格遵守图书馆制定的规章制度，降低不良行为的发生概率，从而构建和谐的借阅秩序，创建良好的阅读环境服务于大众。

（五）重视工作人员的责任心培养

在读者办理开架书库借还书手续的时候，图书管理员必须按照系统操作规范严格执行，切实履行馆员的岗位职责，要做到嘴、手、眼协调一致，要对每位读者始终保持认真负责的态度，切忌避免因不规范操作而导致漏借、窜借或者漏还等一相关问题，以避免给读者造成不必要的损失和麻烦。同时，也严重影响了图书馆在读者心目中的良好形象，甚至带来不必要的矛盾和纠纷。例如，有些图书馆采用的汇文管理系统借还模块借书操作方法有两种，当办理有关借还书手续时，馆员应按照不同借书方法对不同读者进行切换。绝对不能混用两种方法而造成人为错误。另外，在办理借还书过程中，不要让其他读者把书展开放在桌面上等待，否则，由于扫描仪的扫描范围可能太大，而误将其他读者的书扫描到这名读者的名下。现阶段，我国不少自助借还书系统的价格、性能依然不尽如人意，同时，国内的人力成本依然长期处于较低的范围内，因此目前图书馆推广使用的时机依然不成熟。同时，这个系统的使用技能大幅度延长图书馆的借还书时间，以便于读者减小馆内工作人员的压力。如果有条件，相关图书馆可以依据具体情况购置自助借还机器以弥补人力不足，从而大幅度提升图书流通的效率和服务水平。

第三节　图书馆信息安全管理体系的未来展望

随着图书馆信息化、数字化应用不断地深入，各图书馆对信息安全管理体系的依赖性也越来越大，同时，随着信息化平台的集中化的趋势，局部障碍引发的影响会越来越大，破坏力不断上升，如何有效运行信息安全管理也是各级领导和专业技术人员迫切希望解决的问题。图书馆通过引入和消化相关标准的准备工作，建立适合于图书馆的信息安全管理体系，使得图书馆的信息安全管理是系统的而非支离破碎的，是长期的而非临时的，是标准化的而非随意性的，必将给图书馆的信息安全管理带来深远的影响。由于这种信息安全管理体系对图书馆有很大的通用性，所以图书馆所建立的信息安全管理体系及管理模式必将在图书馆的信息安全管理工作中发挥积极的示范作用，为图书馆信息安全高效运行打下坚实的基础。

虽然希望本书的内容能有助于高校信息系统安全理论体系的完善，有助于高校信息系统安全实践的开展，有助于提高高校信息系统安全保障的水平。但由于笔者的能力和时间有限，高校信息系统安全涉及安全理论、安全技术、安全管理等多个方面，既重要又复杂，是一门年轻且充满生命力的学科。我们仅仅是从安全管理的角度在理论和实践中做一点小小的探索，还有许多局限，至少还有以下一些与本书内容有关的方面值得进一步研究和探讨。

第一，安全等级方面。保护工作中如何更好、更科学地划分系统的安全保护等级，如何更准确地对高校信息系统进行测评，以及如何对信息安全产品进行分等级管理和使用等都需要进一步的研究和探讨，特别是如何研究、开发和使用测评工具来提高测评的科学性、准确性、可信性及提高工作效率是重要的研究方向。

第二，入侵检测、病毒监测方面。如何更有效地对网站、论坛等提供信息服务的系统进行准确的监测和过滤，防止非法入侵、病毒攻击，保证信息内容的合法健康仍是研究的重点。如何规范和完善应急预案的内容，将应急联动体系和应急处置指挥中心有机地联系在一起，保证应急机制的高效有序是值得好好研究的一个课题。

第三，信息内容巡查、收集方面。如何巡查、收集传输的信息并对收集到的信息内容进行进一步的分析、分类、关联、研判，对网上的舆论重点和发展方向进行分析也是重要的研究内容。由于不良网页故意的不规范用词，所以对网页文本内容的模式匹配算法也是重要的研究内容。

第四，法律法规方面。在保障实施高校信息安全技术措施和信息安全管理措施中，如何更好地发挥法律在预防和打击网络违法犯罪活动中的作用，将现有法律法规与网络的虚拟特性相结合，除了完善现有的法律法规外，特别需要制定专门的信息安全法，充分发挥法律的指引作用、评价作用、教育作用、预测作用和强制作用，维护现实社会的稳定与和谐。

另外，当今时代新技术层出不穷，新应用不断发展。大数据、云计算、物联网、移动互联网不断涌现，我们认为在这样一个时代，图书馆信息安全的未来发展有如下特征：

一、信息安全的驱动力：从合规驱动转到需求驱动

信息安全一般分两类驱动力，即政策性驱动和需求类驱动。等级保护是一个典型的政策性驱动，从历史来看，要大于需求类驱动，但是近年来需求驱动力度越来越明显。

认为通过等级保护的评测就不会出问题显然是一种误区，国外出现大规模信用卡信息泄露的公司多数也通过了相关认证，而这些不过是促进信息安全工作的一种合规性要求。耗费巨资的中国铁路客户服务中心网站（简称12306网站）定义为等级保护四级，也曾暴露出被黑客拖库、因机房空调问题停止服务等情况，而这两项内容都在等级保护规范中有明确的要求，因此我们认为等级保护并没有触及用户的安全需求实质。很多的行业用户的需求完全超出了等级保护的泛在要求。等级保护只是最基本的要求，无法也不可能涉及用户的所有业务安全需求，结合业务的需求才是关键。

从未来看，在满足合规的基础上，用户真正的一些安全需求还有巨大的空间需要满足，用户的实质安全需求将是今后信息安全体系发展的重要市场驱动力。

二、图书馆信息安全的关注点：从"系统"到"人和数据"的转移

攻击者一定攻击有价值的层面，价值层价值在哪里，攻击才会到哪里。从未来看，黑客也好，红客也罢，人们对信息安全的关注点从早期的关注系统，发展到关注业务，当下及未来将更关注人、关注数据。

（一）系统安全方面

从国内图书馆用户的信息安全工作来看，大部分的安全资源投入到了安全补丁、安全事件处置、漏洞扫描和评估、安全设备部署上。而这些主要集中在网络、系统层面的工作很难涉及信息安全的实质，致使很多图书馆投入了大量的资金和精力所建设的信息安全系统疲于应付，安全事故依旧频繁发生。

（二）业务安全方面

图书馆业务系统既有通用电脑基础设施，又有其特有的应用和业务流程。一般的安全防护工作大部分仅停留在系统和设备层面上，缺乏对应用和业务流程方

面的全面评估和防护手段，不能及时发现漏洞，无法应对日新月异的安全威胁。一系列信息安全事故证明，传统安全管理和技术措施存在明显不足。

业务安全难以发现、难以防护，切实可行的工作方法就是落实"三同步"。将信息安全和业务进行融合，避免出现问题后才进行亡羊补牢所付出的巨大代价。我们认为，只有从业务角度进行梳理，才能发现深层次的安全隐患。业务安全问题需要信息安全专家深度了解业务知识，专家首先是业务专家然后才是信息安全专家。因此，培养专门的业务安全专家是当务之急。

信息安全的实质是攻与防的博弈，信息安全的未来投入会更多地关注的"人"这个层面。人永远是信息安全最核心的要素，人的安全意识、技能是安全体系充分发挥作用的基石。尽管目前信息安全技术在识别威胁方面变得更好，但技术不可能始终将人这一要素剔除。人也是信息安全体系木桶中最重要的一块木板。网络黑客就是利用人性的弱点达到攻击业务或获取数据的目的，这应引起我们足够的重视。因此，人的安全意识提升至关重要。同时，对人的安全管理也是信息安全工作中事半功倍的措施，业内集中账号管理、认证、授权与审计的效果非常好，也从另一个侧面证明了对人的管理的重要性。

此外，在数据安全方面，在大数据时代，对图书馆来说，大数据将成为关键价值资产，对数据的安全关注需要加大投入。

三、图书馆信息安全威胁的新变化：从普通攻击到"有组织"的网络战

安全威胁发展的三个阶段：早期的无意识攻击，以炫耀技术为主的阶段；目的明确就是获取利益的趋利性安全攻击阶段；为有组织的攻击、反政府的恐怖袭击等网络战阶段。网络战已不是一种概念，而是现实。

（一）对手发生变化

在新的形势下，图书馆信息安全威胁的主体在发生变化，以前的威胁主体主要是个体、小组织团体，未来的对手会是有组织的甚至是外国政府的攻击。新的对手有几个特点：网络攻击活动背景越来越复杂，攻击者拥有更大量的资源，锁定精准的目标，实施精确打击，定点清除。而攻击者拥有更强的团队能力，这是过去的经验教训将远远不足以应对的情况。

（二）图书馆网络冲突或成常态

当今及未来的网络世界中，一些有组织的团体会继续使用网络战术来尝试摧毁或破坏其攻击目标的安全系统及信息资产。针对个人和非政府类组织包括图书馆的攻击会越来越多，如政治事件的拥护者以及发生冲突的少数群体成员。

（三）定向攻击将成为新攻击趋势

APT攻击时代来临，传统的蜜罐或蜜网将难以捕捉APT样本；同时一种威力更强大的新模式——"勒索软件"正在涌现。勒索软件不仅仅是欺骗受害者那么简单，它还会对受害者实施威胁与恐吓。如今，网络罪犯们使用的敲诈方式会变得越来越先进，且更具破坏性。攻击者们会使用更加专业的勒索手段来刺激受害者，并使用专业性很强的方法让受攻击对象在被入侵后很难恢复。

四、图书馆信息安全的大趋势：从传统安全走向融合开放的大安全

（一）智能化趋势

随着互联网的发展，安全问题越来越突出，以往人们对信息安全更关注防御、应急处置能力，现如今入侵、攻击和病毒行为正向分布化、规模化、趋利化、复杂化和间接化等方向发展。因此，在图书馆网络中依靠传统孤立地采用一种安全产品或技术，部署在局部范围内，来识别和发现网络中的安全事件已经非常困难或有失准确性。因此，将来人们会更加关注以人为核心、多种现代技术为依托、科学规范的综合安全保障体系。

（二）侧重"预防"

在大数据时代，图书馆信息智能化安全更注重体系的安全态势预知，强调系统的"预防"能力，通过对安全海量数据的挖掘和数据融合，智能化深入分析和良好呈现，达到医学上的"医治未病"。

（三）产品+服务

图书馆信息安全要经历产品模式服务模式向体验模式的转变，信息安全实质提供的是知识和能力，云安全服务的出现，彻底颠覆了传统安全产业基于软硬件

提供安全服务的模式。从发展趋势看，图书馆信息安全将从硬件交付、软件交付向运营化服务的过渡，依托产品＋服务，无缝的契合图书馆用户的安全需求。

（四）全供应链风险

融合开放是这个时代发展的主题，尤其在云计算时代，系统融合了很多的应用和服务，开放很多的接口，图书馆系统供应链的整个安全都需要我们关注。很多用户对供应链，尤其是全球供应链环境的风险考虑是不足的。真正的信息安全是从一个整体系统去看它的全生命周期的安全问题，而且要考虑人的因素，同时还要考虑各方面的对手所带来的危险。比如，开源软件的可信度一直是业内的常见安全问题，中文版 Putty 等 SSH 远程管理工具被曝出存在后门，该后门会自动窃取管理员所输入的 SSH 用户名与口令，并将其发送至指定服务器上。根据分析，属于"被人动了手脚"传到网上。民无信不立，信息安全同样如此。这应引起我们的警惕。

五、技术新挑战：新计算、新网络、新应用、新数据的安全

新计算、新网络、新应用、新数据，这些都是今后一时期的信息安全方向和热点，每一个方向都会对未来的应用和业务带来巨大的改变，同时也带来新的安全挑战。下面从以下几个层面进行概要阐述，以期能对未来的热点进行涵盖和指引。

（一）新计算技术

云计算对传统计算模式和商业服务模式带来了巨大改变，但面临极大的安全风险，云安全也成为云计算领域的热点。云计算的虚拟化、多租户和动态性不仅加重了传统的安全问题，同时也引入了一些新的安全问题，云计算环境下的安全问题主要表现在：

第一，云计算的出现使得传统的网络边界不复存在、使得信息的所有权和管理权分离，信息资产的非授权访问成为云计算系统的重要安全问题。

第二，数据安全和隐私保护。由于多租户环境、虚拟技术、数据迁移等多个因素综合导致数据保护将面临更大的挑战。

第三，虚拟化运行环境安全。虚拟机隔离、监控、安全迁移及镜像文件的安全存储，以及文件存储、块存储、对象存储等云计算存储服务的安全。

第四,动态云安全服务。不同企业、不同应用存在差异化的安全需求,根据用户需求,结合移动互联网应用架构,提供动态差异化的云安全服务。

依据多年的信息安全工作经验,充分分析云计算系统的特点,总结了云计算安全保障体系框架,下面从新网络技术、新应用、新数据三个维度阐述云计算安全的相关要素。

(二)新网络技术

物联网是具备全面感知、可靠传输、智能处理特征的连接物理世界的网络,实现了任何时间、任何地点及任何物体的连接,使人类可以更精细和动态地管理生产和生活,提高整个社会的信息化能力。

国家明确提出,物联网将会在智能电网、智能交通、智能物流、金融与服务业、国防军事十大领域重点部署。同时,重要篇幅阐述了"加强信息安全保障"的具体措施:一是加强物联网安全技术研发;二是建立并完善物联网安全保障体系;三是加强网络基础设施安全防护建设。

物联网的安全性非常重要,随着越来越多的计算设备嵌入汽车、手机、电视甚至医疗设备中,犯罪分子可以通过有针对性的攻击破坏物理设备,甚至造成人员伤亡。例如,最近研究人员警告说,心脏起搏器就可能被坏人利用攻击人身安全。

物联网和安全相关的特征表现在可感知性、可传递性和可处理性。可感知性是需要物品、设备和设施的相关信息均可唯一识别,并数据化描述,最终可通过网络进行远程监控。可传递性是需要将物品信息通过各种电信网络与互联网实时准确地传递出去。可处理性是需要运用云计算、模糊识别等智能计算技术对海量信息进行智能处理。物联网中的业务认证机制和加密机制是安全上最重要的两个环节。

移动互联网是热点中的热点。手机将超越PC而成为人们的主要上网工具,随着4G网络、WLAN网络如火如荼的建设,移动互联网用户规模和网络规模都将呈现爆炸性增长。运用移动互联网访问图书馆系统也将成为主要的趋势。移动互联网的安全主要分为移动终端、网络、移动互联网应用三个层次。

移动终端已成为移动互联网重要基础设施,成为网络的延伸、应用的载体。移动终端存储的隐私信息及蕴含的经济利益使其成为黑客首要的攻击目标,主要表现在移动恶意软件窃取隐私或吸取话费及带来潜在威胁、操作系统、客户端软件漏洞导致安全风险。从未来看,由于收益丰厚,黑色产业链会刺激病毒的发展,移动恶意软件会更加肆虐、泛滥,更加智能化,更难清除,同时综合型移动恶意软件出现，集成隐私窃取、恶意消费、系统破坏、后门等多种功能，危害会更大。现在流行将移动设备接入图书馆，这使得移动安全问题凸显出来。图书馆引入移动设备和员工携带个人设备上班的现象正在架空企业现行的安全体系和安全策略。有超过63%的数据泄露事件起因是移动设备，其安全性需要引起足够重视。

网络层面的主要安全挑战包括：在复杂的异构网络环境下，需要基于统一的鉴权控制体系确保用户的严格接入控制、实现可靠的行为溯源能力；随着带宽的迅猛增长和协议类型的极大丰富，需要建立更加有效的流量管控能力，包括网络、业务语义监控和安全监控机制与能力。LTE未来将成为移动互联网的IP管道，LTE需要解决的问题包括用户身份可能被泄露，从而导致用户隐私暴露。根密钥无法更新，被破解的风险随时间递增。同时，安全算法受制于人，研制自主加密算法至关重要。WLAN已成为全球运营商普遍关注的热点，65%的主流运营商选择WLAN网络进行业务分流。WLAN系统面临的风险包括资源耗尽风险、无AP关联认证风险、无加密的空中信息传输泄密风险、来自客户端的攻击等各类可能引发NIan系统不可用风险、系统服务质量下降、无线频谱干扰风险、空中中间人攻击风险、非法广播信息风险、客户信息泄密风险等。因此，致力于改变WLAN的安全现状，确保用户的良好体验刻不容缓。

移动互联网应用安全。业务和应用是移动互联网的核心，业务及开放的平台开放性，使其面临多样的安全威胁。一是针对业务信息的威胁，包括不良信息（非法、有害和垃圾信息）传播、敏感信息泄露等；二是针对业务载体的威胁，如植入后门木马、Web攻击等；三是针对业务模式的威胁，包括群发广告等业务滥用、恶意订购等。

应用安全要重点对应用商店进行安全防护，对应用商店中待上线应用进行安全检测是安全工作的重中之重。

（三）新应用

电子商务主要依托Internet平台完成交易过程中双方的身份、资金等信息的传输，安全问题是电子商务的主要技术问题，亦是商家和消费者及银行最关心的问题，主要面临以下威胁：一是信息篡改，电子交易信息在网络传输过程中，信息可能会被人、被第三者非法篡改，导致信息失去了真实性和完整性；二是信息破坏，由于一些硬件和软件问题或者是一些恶意病毒使一些信息遭到破坏；三是身份识别，若没有身份识别，交易的一方就可以对交易内容否认或者是欺诈，或者会有第三方来冒充交易的一方；四是信息泄密，即交易双方进行交易的内容被第三方窃取或交易一方提供给另一方使用的文件被第三方非法使用。

1. 网上支付的安全

支付主要面临的安全问题包括钓鱼网站、网购木马。主要的解决措施包括增加新的客户端识别因素、打断订单的自动生成、识别坏人等。

2. 社交网络的安全

社交网络的安全威胁会越来越大，隐私保护将成为焦点。最重要的两个因素是安全和信任，虽然可以保护个人信息不被其他应用程序用户看到，但对于受信任的朋友，你却无法保证他不会泄露你的私密资料或以此为目的来接近你，就目前的社交平台来看，安全和信任还存在相当大的问题。

根据赛门铁克分析报告预计，未来恶意软件攻击数量将呈上升趋势，主要表现为在社交网络上盗取支付凭证或诱使用户提供支付信息，以及其他个人信息等具有潜在价值的信息。这可能包括递送虚假礼物的通知以及邮件信息、索求受害者的家庭住址及其他个人信息。尽管这些非财务方面的信息看似无害，但网络罪犯会将这些信息连同已有的用户其他信息一起兜售给他人，进而建立起一个有关受害者的"档案"，然后利用这些信息侵害受害者的其他账户。

（四）新数据

大数据一词越来越多地被提及，人们用它来描述和定义信息爆炸时代产生的海量数据，并命名与之相关的技术发展与创新。

大数据时代对人类的数据驾驭能力提出了新的挑战，也为人们获得更为深刻、全面的洞察能力提供了前所未有的空间与潜力。将数据变成有用的信息以获得洞察力将成为未来竞争的制高点。大数据在国家企业和社会层面成为重要的战略资源，数据成为新的战略制高点，是大家抢夺的新焦点。而对图书馆来说，不可能置身大数据之外，参与的结果是大数据将成为关键资产，成为提升竞争力的有力武器。

但同时，大数据成为网络攻击的显著目标，在网络空间，大数据是更容易被"发现"的大目标。一方面，大数据意味着海量的数据，也意味着更复杂、更敏感的数据，这些数据会吸引更多的潜在攻击者。另一方面，数据的大量汇集，使得黑客成功攻击一次就能获得更多数据，无形中降低了黑客的进攻成本，增加了"收益率"。

数据大集中的后果是复杂多样的。数据存储在一起，很可能会出现将某些数据放在错误位置的情况，致使图书馆信息安全管理不合规。大数据的大小也影响到安全控制措施能否正确运行。安全防护手段的更新升级速度无法跟上数据量非线性增长的步伐，就会暴露大数据安全防护的漏洞。

在图书馆用数据挖掘和数据分析等大数据技术获取价值的同时，黑客也在利用这些大数据技术发起攻击。黑客会最大限度地收集更多有用信息，比如社交网络、邮件、微博、电子商务、电话和家庭住址等信息，大数据分析使黑客的攻击更加精准。此外，大数据也为黑客发起攻击提供了更多机会。黑客利用大数据发起僵尸网络攻击，可能会同时控制上百万台傀儡机并发起攻击。

另外，大量数据的汇集不可避免地加大了用户隐私泄露的风险。一方面，数据集中存储增加了泄露风险，而这些数据不被滥用，也成为人身安全的一部分。另一方面，一些敏感数据的所有权和使用权并没有明确界定，很多基于大数据的分析都未考虑到其中涉及的个体隐私问题。

大数据处理离不开云计算技术，云计算为大数据提供弹性可扩展的基础设施、支撑环境及数据服务的高效模式，大数据则为云计算提供了新的价值，大数据技术与云计算技术必有更完美的结合。云计算、物联网、移动互联网等新兴计算形态，既是产生大数据的地方，也是需要大数据分析方法的领域。

大数据技术为图书馆信息安全提供新支撑，也为信息安全的发展提供了新机遇。大数据正在为安全分析提供新的可能性，对于海量数据的分析有助于信息安全服务提供商更好地刻画网络异常行为，从而找出数据中的风险点。对实时安全和商务数据结合在一起的数据进行预防性分析，可识别钓鱼攻击，防止诈骗和阻止黑客入侵。网络攻击行为总会留下蛛丝马迹，这些痕迹都以数据的形式隐藏在大数据中，利用大数据技术整合计算和处理资源有助于更有针对性地应对图书馆信息安全威胁，有助于找到攻击的源头。

最后，我们认为，人永远是图书馆信息安全最核心的要素，信息安全意识最重要。图书馆信息安全本就是矛与盾的博弈，意识不到或者感知不到风险才是最大的安全风险。无论图书馆信息安全工作多么复杂，无论出现了何种新技术，只要我们每个人坚信方法总比困难多，打起十二分的精神，负起自己应担的责任，下定决心，就一定能在这个较量中不断取得胜利，使图书馆正常运转，实现它应有的价值。

参考文献

[1] 柳家英,刘笑宇.论现代图书馆的效用[J].图书馆理论与实践,2004(6):3.

[2] 胡婕.论图书馆在现代文明中的作用[J].当代教育理论与实践,2011,3(6):18.

[3] 王知津.现代图书馆网络的含义[J].图书馆理论与实践,1990(2):5.

[4] 陈金蕾.后现代图书馆学文本描述研究[J].图书馆理论与实践,2019(6):4.

[5] 李建伟.现代图书馆局域网建设[J].福建图书馆理论与实践,2006(3):54-56.

[6] 杨瑞春.现代管理理论视域下的图书馆管理革新[J].福建图书馆理论与实践,2009,30(4):3.

[7] 沈敏,黄娟,王姝.我国图书馆社会服务理论与实践研究综述[J].现代情报,2012,32(11):44.

[8] 曹旻,石红.现代图书馆发展必须坚持科学发展观[J].福建图书馆理论与实践,2008,19(1):1.

[9] 崔荣华.现代图书馆服务管理的集成研究[J].图书馆理论与实践,2006,(2):78-79.

[10] 兰琼,卢达溶.借鉴IE方法提高现代图书馆管理水平[J].图书馆理论与实践,2002(2):6.

[11] 黄炳坤,傅巍岭.现代图书馆用户资源开发初论[J].图书馆理论与实践,2002(3):12.

[12] 赵兴雅.现代图书馆服务理论与实践研究[M].长春:吉林人民出版社,2022.

[13] 潘菊英,刘可静.信息沟通原理在现代图书馆管理中的运用[J].情报理论与实践,2003,26(2):149-151.

[14] 王关锁,朱学荣.论现代图书馆服务理念[J].图书馆理论与实践,2005(5):10.

[15] 赵红云.县级图书馆现代化服务理论与实践[J].图书情报通讯,2005(1):2.

[16] 钱静雅,秦丽英,刘桂英.我国现代图书馆管理理论与实践研究[M].北京:中国水利水电出版社,2017.

[17] 李玉安.论现代图书馆的伦理管理[J].图书馆理论与实践,2004（2）:1.

[18] 鲁黎明.图书馆服务理论与实践[M].北京：北京图书馆出版社,2005.

[19] 陈立华.现代与后现代图书馆[M].北京：中国社会科学出版社,2014.

[20] 李松妹.现代图书馆管理概论[M].北京：北京图书馆出版社,2007.

[21] 孙坦.数字图书馆理论与发展模式研究[D].中国科学院文献情报中心,2000.

[22] 冯晴君.现代图书馆地方文献工作理论与实践[M].北京：中央文献出版社,2008.

[23] 张占国.现代图书馆服务创新与服务评价：理论、模式、实践、案例：中[M].北京：中国知识出版社,2006.

[24] 宋冠群.现代图书馆管理的理念与实践探索[J].大学图书馆学报,2020,38（4）:1.